匡文正字

孙述庆 —— 著

APTIME
时代出版
时代出版传媒股份有限公司
安徽文艺出版社

图书在版编目（ＣＩＰ）数据

匡文正字 / 孙述庆著. -- 合肥 ： 安徽文艺出版社，
2025. 1. -- ISBN 978-7-5396-8119-1

Ⅰ. H12-49

中国国家版本馆 CIP 数据核字第 2024WR7659 号

匡文正字
KUANG WEN ZHENG ZI

出 版 人：姚　巍　　　　　　　统　　筹：周　康
责任编辑：胡　莉　　　　　　　封面设计：李　超
....
出版发行：安徽文艺出版社　　www.awpub.com
地　　址：合肥市翡翠路 1118 号　　邮政编码：230071
营 销 部：(0551)63533889
印　　制：永清县晔盛亚胶印有限公司　　(0316)6658662
....
开本：700×1000　1/16　印张：14.5　字数：155 千字
版次：2025 年 1 月第 1 版
印次：2025 年 1 月第 1 次印刷
定价：79.80 元
....
（如发现印装质量问题，影响阅读，请与出版社联系调换）

写在前面

这是一套认真严谨的书,是一套内容丰富的书,是一套颇为实用的书,是一套很有趣味的书。可以说,它集知识性、思想性、工具性、趣味性于一身,多功能是它的显著特色。

出版这套书的本意,是普及中国字文化。普及,是本书的宗旨和灵魂。作者从浩繁的典籍中撷取了一个个有据可查的典故,一个个精彩纷呈的人文故事,每个故事都与文字相关,而其折射的却是中国几千年风云激荡的时代脉络。

这套书沿着中国历史的纵向,探究汉字所生发的种种文化课题,像一面镜子,折射和观照着中华民族的大文化。这样一种探究,可大体廓清传统文化的优点与弊端,为进一步继承优秀传统文化,发扬先进文化助力。只有民族的,才是世界的,只有让中国的优秀传统文化在普及中走出去,才能让世界真正了解中国。

本书作者是我国一位有一定影响力的科普作家、文化学者,他为科学文化普及事业贡献了毕生的精力。按作者所言,他在写作中阅读,在阅读中发现,从而进行更新的写作。企盼读者亦在阅读中有所发现,有所收获。

润物细无声

——爷爷著书我们写序

爷爷撰写的这套关于字文化的书,我们照例成了第一读者。

中华传统文化博大精深,积淀着中华民族最深厚的精神追求,值得每一个中国人学习和传承。正如爷爷所言:"能利用自己这么多年所积累的知识,为普及中华字文化尽一点微薄之力,趁精力尚可,尽快写出这套书,既满足了社会的需要,也是我的心愿。"他认为"撰写高质量的文化普及读物,不是件容易的事,要有耐心和学识,才能做到深入浅出,更要有对社会负责任的精神"。爷爷为提高这套书的质量不遗余力,把它当学问来做。他谈及治学心得,强调最多的是"会通"两个字。他认为会通精神是中华文化的一大特色,应该把思想与文化会通起来,把理论与现实会通起来,把古代与现代会通起来,让优秀的文化传统得以传承、融会而贯通。

"汉字"是这套书的关键词,"说文解字"是其内核,如何运用汉字文化写出好文章,直至对"文字游戏"得心应手,都是书中的重要内容。这套书文字通俗简约,有话则长,无话则短,熔知识性、学术性、工具性、趣味性于一炉。爷爷以下里巴人之语,成阳春白雪之作,可以不夸张地说,这套书很精彩,令我们爱不释手。读完这套书,我们自然而然地认识到"汉字"确乎是中华文化的基因,确乎是中华文化的基石。这套书吸纳了我国传统文化的大量元素,"汉字"这根贯穿始终的红线,将大量的知识片断织成一个完整体系。读了这套书,就能在快乐中得到传统文化的滋养。

这是一套用心血写成的书。爷爷动手写这套书很有些时日了,他"退"而不"休",虽已过耄耋之年,但精神矍铄,多年如一日,除生病卧床,每天坚持写作,似乎忘记了疲倦。"岁岁重阳,今又重阳,战地黄花分外香。"他做事认真,处世低调,不喜饭局,心态积极,笔耕不辍,乐在其中。他为何能乐此不疲?爷爷笑答:因为兴趣。他多年来早起晚睡,挑灯夜战,为了弄清一个典故、一个人文故事、一个历史事件、一首诗词、一副对联或者一则谜语,总是不厌其烦地多方查找资料。资料不详尽时就奔书店、跑图书馆。老人家的钻劲,实在令我们感动。

爷爷大半生从事文字工作,一生清贫,一生爱书如命,宁可省吃俭用也要买书,以"坐拥书城"为乐。因为阅读与治学的兴趣,又基于写作的需要,他藏书颇丰。他勤于偷闲读书,业余写作就是从阅读中起步的,他创作的科学普及、文化普及作品颇为丰富,我们总有幸第一时间阅读。我们从小受到爷爷的熏陶,所获学养如春雨一般,"随风潜入夜,润物细无声"。

历史上和现实中，"父文子序"的事并不鲜见，有的还成美谈。例如，《天雨流芳：中国艺术二十二讲》是一部很有品位的著作，作者是李霖灿老先生，该书的序言就是他的儿子李在忠先生所作。序中写道："虽因'父文子序'，有些许惶恐，但细想之后亦颇有'指穷于为薪，火传也，不知其尽也'之意，沛然于胸的反是一片孺慕之思，感言之怀。"透过李在忠先生的"孺慕之思"，儿子对父亲的感恩之情一览无遗。受此启发，我们不畏惶恐，也很想尝试"爷文孙序"的乐趣，薪火相传，以表达我们的"孺慕之思"，那就是孙辈对爷爷的仰慕之心、敬爱之情。

奕茗　娅雯　金异　柏楠

2020 年 10 月

目 MU
录 LU

引　言

"匡",读 kuāng,意为"纠正""匡谬",亦即纠正错误。匡文正字,就是实现文字规范化,使之正确、规范,包括汉字形体的书写正确,字义用得准确,字音吐得精准。

我们的汉字、汉语及其所造就的中华文化,是鲜活的,它是和我们的生活、工作紧密关联的,稍有不慎,就会危害我们文化的纯洁性、规范性。匡文正字,不仅是纠正几个错别字,也不仅是指出几个错误的句法,或探讨正确、妥帖的表现形式,更为重要的是由此使广大读者得到启示,正确运用汉字和母语,共同维护中华文化的纯洁和规范,否则,怎样进行正常的思想交流?怎样进行正常的学习、工作与生活?怎样传承中华民族的优秀文化?损坏了民族的语言文字就是损坏了民族的根!汉字、汉语正走向世界,必须先做好规范化,否则有碍交流,有损民族形象,文化走向世界谈何容易!

第一章
语言文字规范化

有人抱怨，如今很多宣传品以及重要文案，甚至一些出版物，已不再"开卷有益"。它们的内容胡乱拼凑，乱点鸳鸯谱，字里行间不是流淌着清泉，而是充斥着垃圾和污水。不少出版物的差错率大得惊人，因此败坏了书刊的声誉，甚至有读者调侃"无错不成书"。当然，古书也存在差错，因为最初的图书是手抄或刀刻，难免有误。后来，又有了"避讳"的社会习俗。讳，忌也。有顾忌不敢说，或因敬畏不便说，例如对帝王、长辈的称号等等，不可直呼。有"讳"就得"避"，说话写文章只好改用相近的字词，甚或用"缺笔"的办法避讳，这样便人为地造成种种"字不成字，词不成词"的错乱。

还有，当今的一些网络语言，也正在人为地制造社交障碍。

第一节　"开卷"未必都"有益"

古人云"开卷有益"，这是对图书作为文化载体的功能的评价和总结。然而，如今却有不少报刊、书籍、网络媒体颠覆了这一认知。例如某家报纸的新闻报道中出现了"慈母鸩杀亲儿"的大标题，显然是把"鸩（zhèn）"字错成"鸠（jiū）"，前者是一种毒鸟，而后者是鸽类的鸟,"鹄""鸠"字形近似,极易张冠李戴。

报刊、图书差错多,究其原因,很大程度上是因为市场追逐经济利益,迎合阅读浅俗化趋向,降低出版门槛,放松把关,由此粗制滥造的出版物便出现了。

字词乱象

当今,在人们的工作和生活中,字词乱用的现象屡见不鲜。记得多年前,某大报在一篇题为《第一个讲"社会主义"的人》的文章中,说"汪精卫作摄政王",这是惊人的差错。稍知中国近代史者都晓得,汪精卫早年是很激进的,他参加过一次暗杀清廷摄政王的行动,后因泄密而被捕,他还在狱中慷慨赋诗,名噪一时。可见他与摄政王是势不两立的,怎么可能"作摄政王"呢?我猜想是"炸"字错成了"作",虽只一字之差,却谬以千里,这对于不了解历史者,将会造成重大误导。

2015年底上映的影片《怦然星动》《不可思异》《从天儿降》,姑且不去深究其故事情节和演技,单说这三部电影的片名,明显分别是由成语"怦然心动""不可思议""从天而降"硬改而成,看似有"创意",殊不知践踏了成语的内涵,弄得不三不四。字面不合语法,混淆视听,让人不知所云。

有一位大影星,因儿子犯错,愧疚地发文章说孩子入了"囹圄",明显是将"囹圄"错成了"囹圄"。作为公众人物,出现这样的差错,实在大不该!

如今流行歌曲的歌词欠斟酌的也很多,不合事理、不合语法、乱用成语、生造词语等等,不一而足。例如有一首《蝴蝶的歌唱》云:"不变贞贞誓言。"古有"信誓旦旦""铮铮誓言",并没有"贞贞誓言"一说,也许是"铮铮"讹错成"贞贞"?还有歌曲《长城上的小花》云"我守边疆繁强良"。何谓"繁强良"?是繁荣、强大、良好的缩略语吗?根本说不通!

一位知名青春写手在网上发表作品,曾将"蚍蜉(pí fú)撼树"错用为"蜉蝣(fú yóu)撼树",令人为之汗颜。"蚍蜉撼树"是一句成语,指这种大蚂蚁不自量力。而蜉蝣是一种水生幼虫,可在水面飞行,成虫生存期极短,交尾产卵后即死。这两种昆虫风马牛不相及,作为网络作者是不该弄错的。

2016年上映的革命历史电视剧《风云年代》里,有帧背景画面是一家理发店,玻璃门上有两个大字"理發",这明显是电视剧制作者考虑到当年用的是繁体字,特将简体汉字转换为繁体时产生的差错。此"發"是"发财""发生""开发""发展"等"发"字的繁体,而"理发""头发""毛发""发型"等"发"字的繁体,应为"髮"。如今"發"与"髮"都统一简化成"发"字。简繁转换时,切不可张冠李戴,大而化之。

至于网络上蹦出的一些新词,有的不伦不类,就不在此赘述了。

语法不通

某电视台著名女主持人在采访中问对方:"你有办过婚礼吗?"这种"光怪"的语体版不胫而走,导致一些人冒充时髦,也絮叨着类似"有……"的话。谁能准确领会这句话的含义？哪部汉语语法著作里有这样的语法结构？如此这般，可见一斑！

一些地方新设的办事机构，名称冗长，为了说起来简便，多用缩略语，"扫黄打非办"之类还能理解，那种"不再办"原是"不再审批办公室"的简称，不解释谁能知道它是什么意思？记得多年前，上海吊车厂被简称为"上吊"，让人摸不着头脑是小，其社会影响真不敢恭维。机关单位里的职务称呼也缩简，张队长简称"张队"，裴局长简称"裴局"，姚经理简称"姚经"……于是乎，"张队"谐音变成"站队"，"裴局"变成"肥猪"，"姚经"变成"妖精"，等等，真有点不成体统。

新闻媒体和图书市场同样良莠不齐。网络文化的粗俗化倾向，导致不规范语言和不规范用字招摇过市，甚至大摇大摆地进入正规出版物，鱼目混珠，搅乱了沿袭几千年的传统文化。君不见一些书名或媒体的新闻大标题，因为追逐网络语言的新潮，也往往"无厘头"地不讲语法和逻辑，用词用字不知所云，更谈不上与书的内容相辅相成了。记得学者苏培成先生曾撰文批评书名不通的毛病，他举了个例子，《动词安顿》这部书是安顿的人生写实集，怎么能叫"动词安顿"呢？"动词"是语法术语，表示动作行为、发展变化，而"安顿"则是人名，无论怎么分析其语法，两者都是无法连在一起的。至于"请读我唇"之类的书名，更是莫名其妙！

现今，微信公众号已成为我们获取信息的一个重要渠道，不少人甚至完全以它取代了传统阅读。在众多微信公众号中，当然存在着高质量的文章,但某些猎奇的、耸人听闻的公众号,往往影响着人们的话题。它们不仅内容糟糕,文字逻辑也往往不合汉语的基本法则,在很大程度上侵蚀着我国的语言生态,我们不能容忍其泛滥。国人需要高质量的阅读,我们应该对扎根于文化基因的基本语法、表达逻辑、文字美感,多一些敬畏。专业写作者和媒体机构应该注意,吸收群众生活语言固然重要,但也应有准绳,不能随波逐流。

不该有这些"白字先生"

电视连续剧《绍兴师爷》,想必大家都看过。"师爷"这个职业,在昔日是地道的知识分子,是被官员们雇请来专做文案工作的文人,比今日的"秘书"还要重要,可以说是"军师"之类的智囊。师爷周围的官员、文人,都属于知识分子阶层。然而在这部电视剧里的这些人,却接二连三地出现错读字音的问题,实在太不应该!字音读不准,听者难免不知所云,甚至产生误会。

一位堂堂正正的大老爷,张口做了白字先生,竟把"可恶(wù)"的"恶"字错念成了"è"音。随着剧情的进展,念白字的人一个接一个,令人难忍。角色甲刚把"慨(kǎi)允"错念成"概(gài)允",角色乙又把"富庶(shù)"错念成"富蔗(zhè)",角色丙又紧跟其后把"弹劾(hé)"错成"弹孩(hái)",角色丁也毫不含糊地将"良莠(yǒu)不分"错念成"良幼(yòu)不分"。幸亏这些白字先生没有把"弹(tán)劾"的"弹"念成"旦(dàn)",把"莠"念成"秀(xiù)",不然还会闹出更大的笑话。

在这部讲究文化的文人角色众多的作品中,演员又不乏大腕、明星,本不应该这样接二连三地出现差错,这表明导演和审核者把关不力。难道还是该剧本就压根儿铸成了差错?!

"裁判文书"竟七错

2017年11月新华社报道,湖南省永州市××县人民法院的一份裁判文书成了"另类网红"。曝光的照片显示,这份裁判书是一份执行裁定书,只有一页纸,落款时间为2017年4月14日,不过数百字的文书上,却出现七处书写差错,包括地名、姓名、性别的错误,"身份证号码"也错成"身份号码",令人啼笑皆非。此案的审判长、对这份裁判文书负有校对责任的人员,均已受到处分。

这份裁判文书,固然是个别案例,但问题的性质很严重,因此引发了社会热议。有网民感叹,文书中的文字错误到了令小学生都无法容忍的程度。还有网民认为,法院出具的裁判文书理应容不得半点马虎,而在××县法院却成了儿戏。这里的工作监管不严,作风纪律松散,教训极为深刻。

把关者的失误

对于机关或媒体来说,文字把关者的责任重大,暂不说其文字功底怎样,审读的态度至关重要,稍微大意就会出现差错。

2017年初夏,网络反映,北方的榆林市神×县的一处宣传标语犯了极低级的文字错误,开头第一句竟是"爱国爱家,爱我长沙",落款是县委宣传部、县文明办。神×县的宣传标语,怎么是

"爱我长沙"呢？这显然不是宣传标语的本意,而是拟稿时照抄照搬长沙经验以致"张冠李戴"。这种荒唐的事,表面上是粗心大意所致,实质暴露出的病根,是官僚作风,缺乏起码的负责精神。难道主管的领导都不过一眼吗？这样的文字差错本不应该发生,只要履行相应的审核校对程序,把住定稿的第一关就该看出问题。无独有偶,南方的铜✕市一处新建的公交站牌的宣传标语称,要建"和谐常德"。这种"铜✕建常德",与"神✕爱长沙"异曲同工,都是机关部门主管领导把关不力导致的错误。

学者刘巧庆先生说,某家期刊的主编对一些字词、成语的解读常有"破天荒之创见,令仓颉汗颜"。刘先生文章这样坦诚地指出:

某社科期刊"把关"主编,对一些字、词及成语的读解,常有破天荒之创见,令仓颉汗颜,孔丘瞠目,而至于现代芸芸不才之众生,不啻(chì)振聋发聩,叹为观止。仅录几则,以飨读者。

悖(bó)论:悖,原本念 bèi。此处的悖者,博也,非泛(fàn)肤浅之论,谓之悖论,故从高深宏大之论作解。

刍(zòu)议:刍,原本念 chú。此处被引申为刍(皱)巴巴的议论,展不开收不拢之议论,当属不经之语、不明之论,亦即胡说八道,应列议论之劣等。

审时度(dù)世:度在这个词里原本念 duó。度,通过的意思,看清形势,应付着度过去,如中国加入世界贸易组织,就有此意,看清并抓住机会参加到这个世界贸易组织中去,实为明智之举。

刚愎(fù)自用:愎,原来念 bì。"刚"作康解。"愎"即腹,俗称肚,加"竖心"旁,是因为腹连胸和心(脏),所以可理解为心胸或心地。心胸(内脏)刚强康健,受用(益)的当然是自己。

唾(chuí)手可得:唾,原来念 tuò。意为下伸,要得到东西,比如在地下,非伸手去捡拾不可。比喻不能游手好闲,不劳而获,而应该亲自动手,丰衣足食。

从上述几个字词和成语看,这位主编身为把关人员,他这种"破天荒之创见",竟与原意差之远矣,甚或正好相反。例如:

"悖(bèi)"本是违反、相反、谬误、迷惑、违背道理等意。若说"悖论",就应该是"谬论"的意思。

"刍(chú)议"本是谦辞,即谦称自己的议论。

成语"审时度(duó)势"不能误用为"审时度世","审"是仔细研究;"时"是时局;"度",估计之意;"势"是发展趋势。总起来说,就是仔细研究当前局势,正确估计发展趋势。

"刚愎(bì)自用"的"愎"字,意为任性;"刚愎"是强硬固执;"自用"是自以为是。总其意乃是倔强固执,任凭自己的主观意图行事,听不进他人的话。

"唾(tuò)手"是往手上吐唾沫。一抬手就可取得。"唾手可得"比喻非常容易得到。此成语亦作"唾手可取"。

这位主编所主编的期刊,亦应为一家媒体,如任其"创见"在期刊上传播,势必贻笑大方,甚或误事害人。

粗俗的网络词语泛滥

网络语言文字是时代的产物,许多热词反映了网民的喜怒哀乐。但,网络用语的确良莠混杂,存在诸多不规范的现象,比如过度压缩、中英文混用、错别字频出。更有甚者,一些低俗、粗鄙的网络词语流行,拉低了中国文化的品位,更会对传统汉语的纯净和美感造成伤害,实在不忍看这些歪词邪语招摇。

中国青年报社近年调查,发现76.5%的受访者感到自己的语言越来越贫乏。他们将语言贫乏归因于网络时代的独特表达方式。的确,网友们平常大多不会说富有诗情画意的语句,不会用完美修辞的语法,只会借用数字、字母、声调谐音、改变语句原意等手段表达"创新"。例如用"蓝瘦""香菇"表示难受和想哭,"辣眼睛"表示看到不该看、不好看的东西,说男朋友是"BF",秀恩爱是"撒狗粮",甚至只会"嘻嘻嘻""嘿嘿嘿"之类,似乎简约形象,实则尴尬得很。2016年,著名作家王蒙在当年网络语言揭晓仪式上公开表示,特别反感"小鲜肉""颜值"等网络词语。笔者也有同感,如果将一些粗浅直白、胡言乱语捧为"时尚",会使许多难登大雅之堂的错别生僻之词、阴阳怪气之调摇身变为青少年的"口头禅",使字句的意韵被冲蚀殆尽,只剩下干瘪枯涩的符号、拟声词或暗语,交流起来势必无聊乏味,甚或不知所云。

"吟安一个字,捻断数茎须。"古人对语言意韵的极致追求,早已成为文坛佳话。明末清初思想家王夫之常言："无论诗歌与长行文字,俱以意为主。意犹帅也。无帅之兵,谓之乌合。"从这个意义出发,那些五花八门、光怪陆离的网络用语,实在连"乌合"都不如。因此,学界有识之士建议有关部门积极干预,规范网络语言文字,引导网民树立积极向上的语言观,特别是引导青少年自觉摈弃粗俗的网文,提高语言表达水平和语言审美能力。

出版物追逐市场

当今时代,媒体面向市场,致使一些低俗"情歌"蹿红,某些曲艺节目"粗口""脏口""黄段子"横行,一些出版社也为了追逐经济效益而降低出版门槛。

作家王安忆曾在出席香港书展时说,现在的图书变成了"卖比写还重要"。就是说,有的作者写书时就瞄准市场,为追求"畅销"而写,市场引导会让一些图书的形式越来越"现代化"。不少宣传品乃至正式出版物,为追赶时效,急于求成;为追赶"现代化"或网络"时髦",字词乱用、语法乱套、历史乱谈等现象大行其道。就书名来看,有不少确实是"雷死你不偿命"。诸如早些年的《拯救乳房》《有了快感你就喊》《美人赠我蒙汗药》,还有《情劫》《野床》《畸恋》之类,满目皆是。某名家的杂文集竟然叫《忍不住想摸》,使人看了怎不想入非非? 后来,虽然不以"性"为卖点,却"恶搞"成风,变得晦涩难懂,不伦不类,例如《怎样打孩子》《挖鼻史》《鱼和它的自行车》《如何当一只好狗》《等待是一声最初的苍老》《黄瓜的黄,西瓜的西》等等,令人莫名其妙,其目的均是以此吸引读者的眼球。有的网站则在标题上故意突出"香艳""情色""绝恋""暴力"等字眼,令一些家有未成年子女的父母胆战心惊。

有鉴于此,如今读书看报应该睁大眼睛,挑选真正有营养的文化读物。当代作家苏叔阳曾在回答小记者关于阅读的问题时强调,中小学生应该多读一些励志的,关于中华传统美德、文化的书,而并非只是一些杂书、没有营养却很吸引眼球的书。

至于许多内容精良的优秀图书,因为抢市场、赶进度、把关不严致使差错多多。此外,还有一个深层次的原因,作者原稿里的知识性差错,编校者并未深究,在很大程度上只以原稿为依据"校异同",放松了"校是非"的重要原则,这种"致命伤"令读者遗憾。归根结底,写书永远比卖书重要! 这是作家和编辑都应该坚守的原则。

第二节 摆正繁简关系

汉字实行简化是时代发展的需要,但汉字的繁体并非被绝对废除,在中国港澳台地区,繁体字还在被广泛运用,海外华侨也在使用,书法艺术、历史文献中也还在用。汉字的繁、简体之间存在着依存和对应的关系,其使用必须看场合、看对象,否则就会产生不规范的问题。

北京国子监街临街有一院落的朱红大门上,悬挂着一块匾额,上面赫然用繁体字写着"聖人鄰裏"四个大字,显然,这里"鄰里"的"里"字被错成了"裏面"的"裏"。在繁体字中,"裏"与

"里"是意义完全不同的两个字,但二者简化后都作"里"字,现代人使用时常会混淆。

繁体字能重返公众视野吗

汉字是工具,更是文化,其特有的表意性使它具有了超越符号化工具的意义。汉字有渊源,往往一字有一史,正如陈寅恪先生所言:"依照训诂学的标准,凡解释一字即是作一部文化史。"由此可以认为,无论繁体字还是简化字,都不应脱离本源,不该在发展中丢失传统。对此,复旦大学中文系申小龙教授举例说:"杭州西湖景点'曲苑风荷',在现代人听来,都认为是当年康熙观荷听曲的地方,这是只知其一不知其二。南宋初,那里叫'麹院荷风','麹'意为酒曲,因为那院落本是酿酒的作坊。"申教授说这个字例的意思,显然是戏曲的源头是"戏曲",酒曲在历史上叫"酒麹"("麹"亦写作"麴"或"曲"),二"曲"不同,其意一目了然。如果两者一概用简体"曲"字,最早的那段记忆势必因"麹"简化为"曲"而被抹去。此类字例很多很多,倘某些重要的繁体字一概消失,相应的某些传统文化也便随之消失了。因此,新近有一些人士提出,应该恢复一些繁体字。著名导演冯小刚就曾呼吁:恢复部分有特定文化含义的繁体字,并选择 50 个繁体字纳入小学课本。

汉字简化是时代潮流,只能向前,不可逆转,简体字已经普及多年,业已取得巨大成就。但考虑到汉字本源,为保存文史渊源,发展文化传统,应当允许一部分繁体字重返公众视野。否则,某些文化传统或古迹会随繁体字的消失而消失。这是公共文化问题,也是学术问题,需要认真探索实践。例如,"上观新闻"曾载一则令人无奈的故事:

> 青城山火了,因为山里白云生处,有位仙风道骨的"采药超人"——这个段子源于一位女游客"脑洞大开",她面对青城山大门口石刻上"大道无为"四个略有变形的繁体书法时,几乎一字不识,遂想到深山采药人的传说,于是以为这四个字写的是"采药超人"。

我们知道,青城山是四川境内历史名山,距都江堰水利工程10多千米。它是中国四大道教名山之一,也是著名风景名胜区。2000年,青城山与都江堰共同作为一项世界文化遗产被列入《世界遗产名录》。至于"大道无为",是道家始祖老子的哲学思想,是他在解释天地运行和人文百态时的思考的结晶。"道"的实质是万物运行的内在规律，"大道"便是一种具有普遍性的道理或真理。"无为"而无所不为，有所为而有所不为。就是说，"无为"不是消极避世，而是告诫人们不可乱为，不可胡为。"大道无为"更是要求人们分清什么可为、什么不可为，以及如何为之，从而积极有为。从本质上讲，老子提出的"大道无为"，也就是要让我们顺应自然及社会发展的规律。"无为"的价值，就在于说明不要违背规律而为，应当顺其自然，自然而然。

可见，"无为"和"有为"是一个辩证问题，"无为"包含"有为"，"有为"是"无为"的内涵，是一个重要的内在要求，说到底，就是一个要尊重客观规律而为的问题。"大道无为"追求的是无为而治，是一种以柔克刚的智慧。它的光辉实质体现在淡泊名利，与世无争。

"大道无为"的文化知识，对于大多数国人而言，本来就不甚熟悉，加上石刻的字又是篆书，这比一般的繁体字更陌生，难怪那位女游客不认识。她联想深山采药人的传说，把"大道无为"认成了"采药超人"，也情有可原，因为乍看上去，两者在字形笔画上确有相似之处。

言归正传，此例说明应允许一些繁体字回归公众视野，让人们有所见识，不至于在名胜古迹或古籍经典面前如此尴尬。

繁简转换不可想当然

阅读历史文献和古籍，是为了继承，要继承就得去识读繁体汉字写成的古汉语作品。因此，若我们只会读简体字而不识繁体字，势必寸步难行。有不少读者，由于繁简转化不当，频生差错。

汉字繁、简转换并不太复杂，关键要认真学习，了解汉字的前世今生，要认真对待，不可大而化之，更不可想当然。否则，定会闹出笑话。媒体报道，近年文坛就发生了一起本不该发生的憾事：某书画研究院的名誉院长在文化交流中，给台湾著名演员归亚蕾女士赠字，因为客人从祖国宝岛台湾来，所以老先生就写起了繁体字，可是把"影后"题写成"影後"，这就闹出了大笑话。

我们都知道，大陆通行的简化字里，"先后"的"后"和"王后""皇后"的"后"都写作"后"，但在繁体字里，它们原本是两个字，"先后"的"后"为"後"，"皇后"的"后"为"后"。这就是说，在繁体字里，原先就是有这个"后"字的。因此，把"影后"写成"影後"，是完全错误的。某院长之所以错写作"影後"，一是不熟悉繁体字，二是认为"后"既然是简化字，那繁体就势必是笔画繁多的"後"了，这是想当然的结果。

简化汉字里，像"后"这种情况的字还很多。例如市场上有一种芳香性药液，它在"适应症"说明栏里有一项称"口幹舌燥"，明显将"干"字的繁体"乾（gān）"错写成了"幹（gàn）"。因为"乾、幹"这两个繁体字都被简化成了"干"，但"乾"指干燥、饼干、烘干等意思，而"幹"则指枝干、干部、干事、蛮干、巧干等意思，因此"口干"只能是"口乾"。

如果认为繁体字一定是笔画多，那就会大错特错。例如，合肥曾有一家面包店门面的招牌写的是繁体字，竟然把"面包"错写成了"麵鮑"，路人看了顿时一头雾水："面包店怎么也卖鲍鱼呀?"想必店家以为"包"字笔画少是简体,它一定还有繁体,终于找出笔画多的"鲍"字做了它的替身,这便是想当然!殊不知,繁体汉字中笔画少者很多,例如"大观"的"大"字只有三笔,它却是古今常用的繁体字之一。诸如此类,繁简转换必须尊重历史,认真对待,切不可想当然地转换。

繁简转换不可大而化之

当代大多数中国人,特别是年轻一代,只认识简体字,对于繁体几乎一无所知。然而你与繁体字又不能绝缘,你不认它,它却往往要"认"你。怎么办?一旦遇到某些不是很清楚的繁体字词,必须及时去补课,去查找相关工具书,需要什么就学习什么。不然,你就会闯祸。合肥市一家银行的营业大厅里,偌大的一幅黄山松壁画,上面题写"迎客鬆"三个大字。很明显,画家把"迎客松"化作繁体便闹出了问题。殊不知,松树的"松"字繁体即为"松"。而"鬆"字则为轻松、宽松、松动、松弛、松软、松散等意,后来统一简化为"松",但"鬆"绝非树木"松"的繁体。如果较真地开个玩笑:既然"鬆"散了,你叫这家银行怎样"迎客"呢?

《咬文嚼字》2014 年 4 月发表了刘宪康先生的一篇题为《不识繁体惹的祸》的文章,列举了一个让人印象很深刻的事例,值得记取。文章说:

1 月 16 日,杭州《都市快报》B15 版刊有一篇文章:《五年级期末考试作文 看丰子恺的〈闲庭春画〉写一个有意思的故事》。这篇报道从标题到正文,都把丰子恺先生的漫画《闲庭春昼》错写成了"闲庭春画"。

丰子恺先生是中国现代画家、散文家,他的漫画因其独特的风格而广受大众喜爱。其中,《闲庭春昼》画的就是一幅树下童趣图。画中古树下三个孩童正在玩游戏,神态可人。其左上角丰子恺先生用繁体字书写:"閒庭春晝,子禎先生雅正,子愷畫。"其中第四字"晝"与最后一字"畫"非常相像,但稍稍仔细点看,还是有区别的:差别在下部,"晝"的下部是"日"字下加一横,而"畫"的下部是"田"字下面加一横。转成简体字,"晝"对应的是"昼","畫"对应的是"画"。用简体字,丰子恺先生的文字应该是:"闲庭春昼,子禎先生雅正,子恺画。"其实,还有一个字也与这两个字的字形很相似,即"书"的繁体字"書",其下部是"日"。也常见许多人把别人书法作品中的繁体字落款"□□書",转化成"□□画"。

……

文章说的事例很有意思,作者把汉字繁简的讹错也分析得很透彻。所谓"春昼",就是春季的大白天,丰先生画的正是春季白天的情景。然而媒体文章把"春昼"错成了"春画",一笔之差,不仅令丰先生在九泉之下蒙羞,而且在文化内涵上也闹出尴尬来,因为汉语中确有"春画"这个词,它既不是春节的年画,也不是描绘春天的风景画,而是淫秽画。明代沈德符在元明史料笔记《万历野获编》的《玩具·春画》中有专门的解释。鲁迅先生在《热风·对于批评家的希望》中也说:"我所希望的不过愿其有一点常识,例如知道裸体画和春画的区别。"

由此可见,学好、用好简体字固然很重要,但认识并熟悉一些繁体字也是需要的,尤其是文化工作者。简体也好,繁体也罢,往往一笔之差,似是而非,繁简转换时不可不慎,不可不细,切不可大而化之。

"用简识繁"的原则值得倡导

国人普遍不识繁体字而又无法摆脱它,或者说事实上也离不了它,这种文化矛盾怎么妥善解决呢? 国学大师任继愈先生曾提出过"用简识繁"的补救办法,他建议:

在编写的中小学语文教材中,遇到简体与繁体发生歧义的字时,简化字旁用括号注出该字的繁体。例如:吉庆有余(餘)、史湘云(雲)。老师不必专门去讲,也不列入学生考核内容。小学六年,中学六年,经过十二年的熏陶,只需耳濡目染,学生不知不觉中就认识了不少繁体字。这等于在全国做了一项国学普及工作,中国的古文、古诗词、古小说,人人都可以方便地阅读。

任先生的这一提议很好,可惜尚未引起政府和社会各方面的足够重视。"用简识繁"工作需要社会力量来推动,除了学校教材在"用简识繁"上做些补救,媒体也可做些细致的工作,报刊或影视屏幕只要处理得好,"识繁"绝不会干扰"用简"。

第三节 为汉字规范化努力

写字的人不重视笔画、字体结构的规范,写出来的字似是而非。读书的人不讲究规范,大而化之,也会"张冠李戴",轻则闹出笑话,重则贻误大事。所以说,汉字规范化非常重要。国家从法律的高度规定媒体、出版物和全体公民都要使用规范化的语言文字。汉字作为中华民族的通用文字,必须规范化,才能国际化。所谓"规范化",也就是"标准化"。

怎样少读错字

读白字、错字,从古至今是一种常见现象,但不能因此而放松学习,习以为常,见怪不怪。文化人应是一般人的"规范"楷模,演员应是观众的"规范"楷模,大人应是小孩的"规范"楷模,老师应是学生的"规范"楷模,领导干部应是员工的"规范"楷模。曾记否,电视剧《京华烟云》热播一时,剧中有"把甲骨制成拓片"和"把甲骨变成拓片"的字句。两位演员都将"拓(tà)片"读成"拓(tuò)片"了。观众中的有识之士自然感到很遗憾。"拓"字有两个读音:一读"tuò",是以手推物,又有开辟、开拓、拓展、拓宽、拓荒和姓氏之释义;二读"tà",是把刻在甲骨、石碑和金属器皿等上面的文图拓下来印在纸上,作拓印、拓片或拓本解。对演员来说,应该从读剧本开始,就对此类多音字小心研习,因为演员是文化的传播者,出错了影响很大。

官员在大庭广众之下读错字的事也时有发生,也有不良的影响。学者周云龙先生写了一篇题为《读错字的官员都有装傻的同事》(《解放日报》2017 年 3 月 30 日)的文章,叙说了官员读错字这种社会现象,很值得警醒:

又有官员念错字了。近日,一名高级官员被曝在一个公开活动中,把"饮鸩(zhèn)止渴"念成了"饮鸩(jiū)止渴"。

领导读白字、错字,不足为奇。有领导将"熠(yì)熠生辉"读成"习习生辉",整个主席台上诸公面色如常,充耳不闻;有领导把"趋之若鹜(wù)"读成"趋之若鹰",未见有人提醒,后来他依然"趋之若鹰"。更有一位地级市领导,将班子成员名字里的"淦(gàn)"读成"金",以致为官一任,笑话八方。读白字的领导,身边一般都有装傻的下属和同事。

读白字、写错字,在使用语言文字的过程中,是不可避免的。不过,官员频频读错字,错的仅仅是字吗?想来,或许还有几"错"已经在所难免,抑或可能"呼之欲出",值得重视了——

错在职场文化的落后、唯上。"熠熠生辉""趋之若鹜"之类,都是常用词。想想某些领导干部很可能从来就没有读准过,几十年如一日地"习习生辉""趋之若鹰",不禁感到有些于心不忍,因为他们还有可能在更盛大的场合、更庄重的会议上错下去。怪就怪在,往往也不会有人从旁提醒——谁敢给领导的报告挑错字呢？推而广之，一个字的正确读音尚得不到正常提醒，有些领导干部的不良嗜好甚至不法行为，又有多少人敢于站出来说"不"呢？

错在工作作风的独断专横。如果一个人闭目塞听，容不得异己之见，那么他极有可能会认为别人读作"忏悔（chàn huǐ）"真的应该读作"千悔"，"囹圄（líng yǔ）"真的是"令吾"，以错为对，视对为错，这样不分是非的思维定式，又岂是一两个错字的危险呢？

官员也是凡人，读错字、写白字，原本是不足为怪的事。如果学风和谐，适当提醒，有则改之，那该多好！周先生的文章，意义在于它强调了领导干部读错字的严重性："错"不仅仅在文字，错在工作作风独断专横，容不得异己之见，谁敢从旁提醒呢？！如果又不虚心学习，久而久之，很可能会以错为对，甚至以对为错。这样任性、是非不分的官员当然不会多，或是个别，但危害绝不会小。

所以，官员特别是领导干部，要有自知之明，要对汉字怀有敬畏之心，改进学风，多多学习，即使是秘书拟就的文稿，凡是吃不准的字词，也一定要事先与拟稿者交流，或查查字典，吃准吃透，避免到时候信口开河，贻笑大方。再说，领导干部读了错字，一般下属和同事不便当面提醒，若运用短信或微信善意说明，效果肯定会好的；而秘书人员可随时以适当方式帮助领导做好文字规范化，这也是工作职责！

一道小学书写难题的纠结

汉字笔画的书写,同样存在一个规范化的要求。这里有一个事例,很值得深思。《人民日报》2018 年 1 月报道,魏女士自大学毕业一直从事与文字相关的工作,自认辅导女儿小学作业没问题,她的先生对自己的语文也相当自信,然而夫妻二人却同时栽在一道小学一年级语文题上。

题目:"且"字的第二笔和"旧"字的第三笔,是"横折"还是"横折钩"?

这是杭州某小学一年级的语文题。妈妈选了两字均为"横折",爸爸看了,认为这两字应当都是"横折钩",两人争执不下,去翻女儿的语文书,他们看到书上"白"字第三笔、"明"字第二笔、"四"字第二笔均为"横折钩",而"口""中"的第二笔均为"横折"。

两人根据书本推测了好久,依然无法得到有关"且"和"旧"那一笔的准确表述。他们无奈地思考:"即便搞不清楚答案,我们也想找到一个何时写'横折'、何时写'横折钩'的规律,至少能让女儿正确应对考试。"

为了找到这个规律,记者找了浙江大学、复旦大学和北京大学等名校的 18 位大学生参与作答,结果认为"四"字第二笔为"横折"的有 11 人,认为是"横折钩"的有 5 人,认为比较模糊无法选择的有 2 人。很快,另一份权威材料把大家的疑惑推到了顶点:根据国家语言文字工作委员会、国家新闻出版署于 1997 年 4 月 7

日联合发布的《现代汉语通用字笔顺规范》(以宋体字笔画为准),像"口、西、四、国、直、白、自、回"这样的字,相应的笔画就是"横折"。

那么,一年级教科书是"横折钩",而《现代汉语通用字笔顺规范》则说是"横折",我们该相信谁?相信它们二者都有各自的依据。汉字书写的笔顺,是在低年级日常教学中经常面临的实际问题,也是必须掌握的基础知识点,同时也是一个难点。从小学老师的角度来说,教材是他们工作的依据,他们只能按教科书来组织教学。那么,怎么断定这个是和非呢?这需要文化教育部门和语言文字专家们进一步审定,力求让国人的汉字书写规范化!

笔者以为,上述汉字的相应笔画,是"横折"还是"横折钩",与字体有关。可以说,宋体是"横折",而楷体就会是"横折钩"。《现代汉语通用字笔顺规范》是以宋体字笔画为准,像"口、西、四"等字的笔画便是"横折"。因为宋体与雕版印刷相关,刻刀刻字时多为直线,所以不存在"横折钩"。而楷体源于手写,其特点是圆润,所以成了"横折钩"。这样的理解,旨在抛砖引玉。

四   四

楷体"四"字   宋体"四"字

《中国汉字听写大会》的新启示

2015 年第三届《中国汉字听写大会》取得了非常好的收视率和口碑。"引经据典"环节的设置令人赞赏,好学者可从中获得新的启示。

一、领悟字词的深意

这一届汉字听写大会传递的价值取向，不是认识多少汉字，而是要深解汉字中的文化。南京师范大学的郦波教授，连续三届担任该节目的文化嘉宾，他说："一字一文化，一字一价值，一字一智能，一字一历史，节目就是要把汉字背后的东西呈现在大众面前，呼唤出隐藏其中能引起大众共鸣的我们民族的 DNA，在文明的长河中，找到曾支撑我们整个民族文明向前走的核心、有价值的东西。"

题库储备的两千多个词，全部附有出处考据、例句释义等古籍"基因检索"成果，所以观众看节目更侧重于学文化。例如考题"踬仆"一词，出自柳宗元的《蝂蛂传》，讲的是一种好负重物的小虫，它只知拾取，不懂减负，直到它被自己所背的东西压倒，无法动弹。其原文为"卒踬仆不能起"，"踬仆"的意思就是"跌倒"。显然，《蝂蛂传》是一则寓言，适合用来比喻现代人普遍求"得"而不善"舍"的心态和思维方法，由此很容易引发人们的共鸣。

二、常用字词也犯错

对于汉字读写，人们总有个固定观念：容易犯错的都是"生僻字"。所以参赛选手花费许多精力准备"生僻字"，反而忽视了常用字。该节目第三届的节目组拒绝"为难而难"，第一题从常用易错的字开始，第二题是应知应会类字词，第三题才是带有经典例句的高难度题型，例如"三部曲""妥帖""蒜薹""平添""安详"之类，就是常用易错、应知应会的字词。

然而，这样的设计却让人看到出人意料的问题：常用易错、应知应会两类考题,看似容易,却令不少选手落马,令人惋惜。例如"蹉跎""专横跋扈"也被写错,还有选手先写对"谈笑风生",后将"生"字错改为"声"而遗憾离场。

发人深省的是,在媒体体验团的现场,个体冠军和小选手学霸们一样,虽然写对了很多高难度词语,却在常用易错、应知应会的字词上栽了跟头,例如将"安详"错写成"安祥",等等。

三、地区方言影响着听读

南北语音的差异,直接影响着汉字规范读音。南方的老师和家长,他们普通话都讲得不太标准,不论是日常生活,还是平时课堂讲课,或练习听写,孩子们听到的都与规范普通话有所差别。这一客观原因,加上考场的紧张情绪,往往使听写走了样。例如有选手错将"眄(miàn)视"一词听成了"蔑(miè)视",因此离场,这当然很可惜。

媒体引导纠错立竿见影

中央电视台于 2013 年举办暑期汉字听写大会,在举国上下引起了空前的热烈反响。《市场星报》在 2013 年开辟了《大家来"找碴"》专栏,引导市民寻找街头错字,欢迎纠错。诸如宣传牌上一句话:"中国梦,奋斗,让她不在只是梦。"其中的"在"字明显错了,应该是"再"字。还有"和谐诚信"错成"和协诚信","钢瓶"错成"纲瓶","负一楼"错成"富一楼","生命不能重来"错成"生命不能从来","应急避难场所"错成"应急蔽难场所","一日不吃饿得慌"错成"一日不吃饿得荒","宁可食无肉,不可居无竹"错成

"宁可是无肉,不可居无竹",等等。甚至将"中华全国妇女联合会"错写成"中华全国妇女联全会","安徽太和"错写成"安徽大和"之类。这种差错,简直荒唐! 其因何在? 是大意、笔误、不认真审校,还是确实无知?

《市场星报》官方网站与网民相通,汉字纠错活动图文并茂、有声有色。合肥全城很快掀起"找碴"热。大家找的不仅仅是字的"碴",更是一种态度,是对汉字规范化的认真态度。大家对于差错,有说明,有分析,不过几月,就收到良好的效果,那些产生书写差错的具体单位大都积极响应,及时改正了差错。广大市民称赞为汉字纠错的活动,并在活动中受到了汉字规范化的实践教育。

第四节　汉字规范化的章法

汉字是汉语的记录符号,是中华文化的基石。它的规范化,主要以国家发布的一系列关于语言文字的规章为标准。"不以规矩,不能成方圆",此乃古训。

史上影响深远的一篇社论

1951 年 6 月 6 日,《人民日报》上发表的社论《正确地使用祖国的语言,为语言的纯洁和健康而斗争!》,是目前所知被社会各界尤其是语言文字学界提及最多的重要文献,影响深远。

长期以来,各种文书的行文和语言都有差异,语言文字不规范的现象普遍存在。新中国的成立为语言文字规范化奠定了基础。1950年底，时任中宣部副部长兼新闻总署署长的胡乔木，遵照毛泽东、刘少奇的指示，不仅以中央的名义给各级党政军机关发出指示，还为发表社论设下了伏笔。1951年春，毛泽东提出想请吕叔湘、朱德熙这样的语言学家写文章，即撰写现代汉语修辞讲座文章，推动语言文字的规范化。5月底，吕、朱二位专家写出一万多字的《语法修辞讲话》，《人民日报》连载并配发社论。据报道，这个有名的社论由黎澍起草，胡乔木审改，最后又经毛泽东亲自修改审定并批示"照发"。可见，《人民日报》当年对这篇社论何等重视！它体现了党和国家领导人对语言文字规范化的高度关注，这是践行语言文字规范化的动员令。

正如这个社论所强调的："党的组织和政府机关的每一个文件，每一个报告，每一种报纸，每一种出版物，都是为了向群众宣传真理、指示任务和方法而存在的。"所以说，党政军机关都要在语言文字规范化的实践中，率先垂范！

《语法修辞讲话》与《简化字总表》

1951年底，《语法修辞讲话》在《人民日报》连载完毕后，立即又汇集成单行本，发行上千万册，引发了前所未有的现代汉语修辞学习热潮。新文化运动倡导的白话文至此取得更加稳固的地位。

1986年10月，根据国务院批示，国家语委重新发表《简化字总表》；1988年3月，由国家语委和新闻出版署发布《现代汉语通用字表》,所收录的简化字进一步标志汉字的规范化。

至于所称"不规范"汉字,是指在《简化字总表》中被简化的繁体字,1986 年国家宣布废止的《第二次汉字简化方案(草案)》中的简化字,在 1955 年淘汰的异体字(其中,1986 年收入《简化字总表》中的 11 个类推简化字和 1988 年收入《现代汉语通用字表》中的 15 个类推简化字不作为淘汰的异体字),1977 年淘汰的计量单位旧译名用字,社会上出现的自造简体字以及 1965 年淘汰的旧字形。知道这些规定有好处,能够有据可查,有据可依。

现今全国范围正式流通的新金属人民币一元、五角、一角是国人非常熟悉的新货币,也是一种标准汉字标志物。它的鲜明特征为:一是全部使用规范的简化字;二是给硬币上所有的汉字铸上了汉语拼音字母。它集中体现了国家的语言文字政策,是汉字规范化的样板。

2014 年 1 月初,国家新闻出版广电总局发出《关于规范广播电视节目用语推广普及普通话的通知》(以下简称《通知》),要求在广播电视节目中规范使用通用语言文字,在推广普及普通话方面起到带头示范作用。该《通知》指出,规范使用、推广普及国家通用语言文字,是贯彻落实《国家通用语言文字法》的基本要求,是树立文化自信、提高文化软实力、增强中华民族凝聚力的重要内容。

汉字部首检字法的统一标准

查找字典或词典等字书,是人们学习中常有的事。对于某些不知道读音的汉字,就得使用部首检字法查检汉字。但是多年来,汉字偏旁部首一直没有统一规范的标准。2009 年 2 月 25 日,教育部、国家语委发布了《汉字部首表》和《GB13000.1 字符集汉字部首归部规范》,这两个国标,自当年 5 月 1 日起实施。

《汉字部首表》规定主部首 201 个,附形部首 99 个。《GB13000.1 字符集汉字部首归部规范》则给出了 20902 个汉字的部首归部表。新的归部原则是这样的:面对一个汉字,首先从"左、上、外"位置取部首,譬如"柯"字,左侧有"木",就归到"木"部,再比如"闯"字,一看外部是"门",就不要查"马"了;一个字如果左边和上面都不是部首,那就取右边或下边,例如"颖"就取"页"作部首,"染"就取"木"做部首;几个部首叠合的时候就取复杂的部首,譬如"赣",在左边取部首时,可能有一点一横,或者一个"立",一个"音",这样的话,"赣"就归入"音"部。如此举一反三。

第五节 "挑错"是桩大好事

说话写文章都难免出错,有错必改就好。著名期刊《咬文嚼字》设有特色栏目,鼓励读者在名家作品中挑错,为树立学术新风做出了贡献。

有的作家也喜欢别人为他的作品挑错,有此心态,就是一种文化自信,是真正做学问的态度,这样也可以知道作品的社会反响。有人挑错,说明社会在关注自己的作品,这不是坏事,是件大好事。

"挑错"可当学问做

《解放日报》2018年7月22日刊载向凯的文章《"挑错"教授:守住做学问的底线》,介绍山西大学文学院退休教授白平"挑错"打官司的故事。白教授虽胜诉,但舆论对此有两种截然不同的态度,一种说他想傍名人炒作,另一种说他身上透着难得的学者风范。

在白平看来,"挑错"是读书人的本分,不只是学术圈的事。"人们以为我是专门挑错的,其实挑错只是在读书过程中发现问题,不过是读书的一种衍生品。"白平说。据说他挑错就像小学语文老师批改作业,守住做学问的底线。白平先生一直从事古代汉语教学,研究方向是校勘训诂。他说,有些古书在传抄过程中遗留各种问题,有的是学者想当然的注解,古汉语研究者要去找到这些问题,就像捕捉历史森林里的虫子。他的感悟是:有的人看书只是看看,而他是要从书中发现问题。"我作为一名知识分子,就是想通过挑错倡导一种好的社会风气。""我在博客上发一篇文章起不到任何影响,打官司才有社会影响,实现干预社会风气的目的。"

看来,白平教授是把"挑错"当学问做。应该说,学术批评是一种文化传统,只要态度平和、认真而严肃,"挑错"就是一桩受欢迎的大好事。

"捉字虱"值得提倡

"捉字虱"是什么意思呢?这是个生动形象的比喻:把文字作

品中的差错比喻为身上的虱子。所以，"捉字虱"就是查找错别字词的一种练习方法，亦即挑错。

虱子，这种细小得肉眼很难看清的寄生虫，吸人血，还会传播疾病，一旦在人体上生存，会使人痒得难受。《义勇军进行曲》词作者田汉曾为虱子写了一首世上独一无二的词《如梦令·虱子》：

春色撩人生惰，

镇日如何能坐？

背上一丝丝，

虱子又生几个，

难过，

难过，

摸着轻轻掐破。

1935 年，田汉先生因从事左翼文化活动，在白区被捕入狱，狱中环境恶劣，身上长满了虱子，他一面捉虱子，一面哼出了上述这首小词。作者真不愧为著名的词作家。《说文解字》称虱为"啮人虫"。《抱朴子·塞难》篇则借题发挥，痛斥了那些类似虱子的寄生者，文颇风趣，说："虱生于我，而我非虱父母，虱非我子孙。"

虱子之小，小得肉眼很难看清，实在令人厌恶。可以想见，一件好的作品倘若夹有文字差错，势必就像身上长了虱子一样，令人难受。怎么办？只有毫不留情地捉，并"轻轻掐破"！

"字虱"是可捉的。《咬文嚼字》是一份人见人爱的刊物，多年来它为我国语言文字规范化做出了卓越的贡献。这份杂志的众多栏目中,有一栏叫《向你挑战》,就是一个专供读者演练"捉字虱"的场地。这个栏目中陆续选了许多美文,其中的"字虱"都是行家学者们的精心设计。也许有不少读者没有赏读过,没有接受过它的"挑战"。有兴趣的读者,不妨多读《咬文嚼字》的专栏文章,提高"捉字虱"的能力和水平,以增强汉字辨识能力,减免差错,消灭错别字和不规范的词语。

第二章

匡正『似是而非』

识读或书写汉字,弄成错字、别字,大都因似是而非的缘故。

"六书"造字中的象形法造出的字,大都表现具体实在的客观事物,个性很强,故其数量很少。"会意法"和"指事法"都有较大的局限性,这两种方法造出来的汉字数量也不多。形声造字法则大为不同,方法容易得多,其特点是将一个代表"义符"的独体字与另一个代表"声符"的独体字结合在一起,就轻而易举地造出一个新字。义符和音符的位置也以上下、左右、内外等多种形式搭配。因此,汉字中的百分之八十都是形声字。形、声相拼,这样造出来的形声字,虽字义不同,但字形很可能相似,字音更可能相同或相近。书者或读者,若不认真辨识,难免张冠李戴,或乱点鸳鸯谱,当了"白字先生",自己还未必知道哩!

说到此处,顺便说一则笑话故事。话说过去有个教书先生,自以为是,遇到不认识的字,不查字典,却采取"认字认半边"的办法教学生。

一天,有个学生指着"岂(岂)有此理"的"岂"字,问老师:"老师,这个字怎么读?"老师望了望,便信口答道:"念'豆'。"那学生又认真地看着字说:"老师,'豆'字上面没有'山',这个字有……"没等学生说完,老师便气呼呼地说道:"你懂得什么?! 有

'山'字头的是山上的豆,没'山'字头的是平原上的豆!"这样不负责任的老师,真是"豆有此理"!

现今,"认字认半边"的现象并未绝迹。汉字固然有许多形声字,它们的声旁有的有一定的表音作用,但所表示的也只是这个字的相近读音。再说汉字的形体和读音,经过长期的发展变化,许多字的声旁已失去表音的作用,如果按照"认半边"的方法来读字音,能不闹笑话?!

第一节　错别字解剖

具体而言,不管是错字还是别字,都是人们在书写、识读时,把字形、字义或字音弄错了。不过,对于读音的别字,有时称为"谐音"字,其韵味在语文上往往别有意境,另当别论。

错别字,对汉字而言,自古就是一个问题。原因当然不是汉字本身,关键还是读书人没有下到功夫。对此,古代文坛就流传着一个又一个讽刺错别字先生的故事。不妨先说一个笑话。

话说从前,有两位相公进京赶考,途中遇雨,便跑到文庙门下躲雨。其中一位看见门头上"文廟(庙的繁体)"二字,便信口念道:"啊,这是'文朝'!"另一位听他这么一说,抬头端详了一会儿说:"这哪里是文朝? 明明写的是'丈廟(庙)'嘛!"二人争论不休。恰逢一个和尚化斋由此路过,听见他们在吵嚷,便走上前去看个究竟。二人要求和尚评断,和尚问明情况后,便说了这样四句顺口溜:

文朝丈庙两相异，吾到东庄去化齐。

你们不是孔天子，吾也不是苏东皮。

这四句打油诗里，显然白字连篇。因为有的字形体相近，便乱点了鸳鸯谱："廟（庙的繁体）"错成"朝"，"文"错成"丈"，"齋（斋的繁体）"错成"齊（齐的繁体）"，"夫"错成"天"，"坡"错成"皮"。这番模样的诗句，显然是和尚有意为之，故意以错讽错。

这首打油诗很大程度上是文人杜撰的，玩个文字游戏。不过这诗确实有趣，讽刺了错别字先生，客观上剖析了错别字的主要成因——字形相近，念字念半边。真是妙不可言！这对我们识文断字还是有启发的。

写错字

写错字是指写得不成字。错字，一般在字典里是查不到的。其"错"大致有以下几方面情况。

一、增减了笔画

例如庆（庆，"大"写成"犬"），搏（搏，中间多写一横一点），恭（恭，下面写成"水"），赐（赐，右边中间多写一横），幼（幼，左边少写一点），庄（庄，土中多写一点），国（国，玉字少一点变成王），等等。

二、改变了字形

例如柿（柿，右边一竖通天），券（券，下边"刀"写成"力"），既

（既，右边写成"无"），纠（纠，右边一竖写成了竖钩），章（章，一竖通天），等等。

三、变换了偏旁

例如隘（隘，左边写成挂耳"阝"），却（却，右边写成挂耳"阝"），袍（袍，左边写成"示"），廷（迋，左边写成了走之旁），等等。

四、偏旁错了位

例如茫（沆，三点水超出草头，错成三点水旁），徽（巇，双人旁变成山字大盖头），等等。

写别字

写别字也叫"写白字"，是指把甲字写成了乙字。"别字"一般在词或词组里才能看得出来。其"白"之误，主要由于如下两种原因：

一、因形似义混而致误

例如，"眨眼"写成"贬眼"，"欣赏"写成"欣尝"等。

二、因音同（或音近）义混而致误

例如，"滥竽充数"写成"烂鱼充数"，"再接再厉"写成"再接再历"等。

明代浮白斋主人写的笑话书《雅谑》中就载有一则因音同而写了别字的笑话故事：莫廷韩到袁履善先生家拜访，正逢乡下亲朋赠了一筐新上市的枇杷，礼单上却写着"琵琶"，两人看了大笑，因为这别字"琵琶"是一种乐器，并非水果。这时，某县令到来，两

人的笑容还在脸上,县令便问:"何以这样高兴?"袁先生讲了笑的原因。县令说:

琵琶不是这枇杷,只因当年识字差。

莫廷韩随即接着吟道:

若使琵琶能结果,满城箫管尽开花。

县令对莫先生的这两句诗再三赞赏,算是以诗会友,结下了情谊。

读错字

读错字,是指把字音念错。例如:

"钱其琛(chēn)"念成"钱其 shēn","破绽(zhàn)"念成"破dìng","称(chèn)职"念成"chēng 职","负隅(yú)顽抗"念成"负 ǒu 顽抗"。

识错字

这里说的"识错字",是指把字义理解错误。读书识字重在弄清字义,这就涉及对文字的辨析能力。因为,一个汉字往往多义,非此即彼,所以阅读时尤其是读古书,常常需要对某些字进行辨别分析。所谓"识文断字",指的就是这层意思。

古籍文献多用本字,许多古体字与它对应的现代简化汉字相比较,形体已相距甚远,古体字是识读古籍的首要拦路虎。例如幹(干)、乾(干)、鞾(靴)、沈(沉)、钞(抄)、叓(更)、臺(台)等等。

古书文字还多用本义、古义,读古文就得首先搞清楚一些字的本义或古义,才能疏通文义。例如"床"这个字,当今的字义是用来睡觉的家具,而古籍中的"床"就未必是这一意义,像宋代大文豪陆游的著名诗句"泪溅龙床请北征",句中的"龙床"指的是皇上的宝座,即宋高宗坐的龙椅,陆游是南宋主战派之一,为了说服高宗抗金,并御驾亲征,他一把鼻涕一把泪地劝说,与皇上直面到泪洒龙椅。

常见的文言虚词"之、乎、者、也、矣、焉、哉",其中的"之"字,古文中比比皆是,论其本义,当是"到""往"的意思,即动词。如《史记·项羽本纪》有"项伯乃夜驰之沛公军",即为一例。古籍中"之"字用其本义有之,但多数还是用作代词、结构助词,还可用作语气助词,置于句中或句首、句末,以助语气,不做句子成分,并无具体意义。代词"之"可代人,也可代事物,可译作"我""你""他""他们""它"。例如《庄子·则阳》:"之二人何足以识之。"句首的"之"义与"这"字相同;句末的"之",则是代词,指其二人。又如《孟子·离娄上》,"人之患在好为人师",此句中的"之"是结构助词,构成修饰,可译作"的"。再如《左传·隐公元年》:"姜氏何厌之有?"此"之"是助词,可不译出。上述"之"字的种种用法,绝对不可混同。

错别字难免吗

日常生活中,使用了错别字是一种常见现象,因为许多汉字音同、形近,极易诱发错误。也许你我都曾在不知不觉中犯过错。如果错误发生于人际交往,难免令人尴尬;如果发生在工作中,特别是涉及法规文献或合同文书之类的要件,那甚至会造成严重后果。古往今来,此类事例数不胜数。

一家小餐馆生意很红火,顾客盈门,为了招待省事,就在显眼的地方写着标牌:"包厢请上柚!""请座下开票!"把"楼"字错写成"柚",这是别字,语意也不通,是请"包厢"上楼吗?当然是请顾客上楼选用包厢!更为甚者,开票竟要钻到椅子底下去哩!无疑这"座"也是一个别字,应该是"坐"字才对。

20 世纪 80 年代末,新疆乌鲁木齐一家挂面厂花重金在日本印制了一批挂面包装袋,谁料设计图上因为一点之差,将"乌鲁木齐"印成了"鸟鲁木齐",致使这批精美的包装袋全部报废,一下子损失 16 万元人民币。当年的 16 万元可不是个小数目啊!"乌"与"鸟"当然是两个不同的汉字,两者只差一个"点"画,形似而义非。这样的书写差错,就是写别字惹的祸。

错别字现象不可小视,一定要加强语言文字的学习,识字或书写都要认真注意字形、字义和字音,切不可大意,以尽力减少和避免出现错别字。除此,别无其他更高明的纠正方法。

第二节　容易混淆的形近字例

古今文坛、政坛读写别字的,不乏其人;混淆是非者,也时有之。据宋人笔记的记载,宋朝的太常博士张鼎算得上是个有点名气的人,他在引用"鸡肋"典故时,误把"鸡肋"写成"鸡肘",因此被人称为"鸡肘博士",贻笑大方。

近现代也难免此类错误,甚至还有故意鱼目混珠的,著名美学家朱光潜(qián)就曾遭遇过"朱光潜"。朱光潜早年出版的《给青年的十二封信》一时成为畅销书。过了不久,又出了《谈美》一书,书店为了促进发行,特在这书的封面注上"给青年的第十三封信"的字样,果然大受欢迎。随后不久,上海书摊上出现了一本《致读者》的书,作者"朱光潸(shān)",该书竟然也有一个副标题:"给青年的十三封信。"这与朱光潜先生著作的副标题相比,只少一个"第"字,乍看没什么分别,封面设计几乎一模一样,连朱光潜本人也以为是自己的作品。他无奈地给这位"朱光潸"写了一封信,说:

光潸先生:

我不认识你⋯⋯而给你写信,似乎有些唐突,请你记住我是你的一个读者。如果这个资格不够,那只得怪你姓朱名光潸,而又写《给青年的十三封信》了!

⋯⋯

几乎和你同姓同名的朋友　朱光潜

这封信还回溯自己当时写书的"稚气和愚呆",以潜台词规劝"朱光潜":得"坦坦白白、老老实实"做人,否则难免被人识破,落个不道德的坏名声。信的落款颇有意味,耐人深省。信当然无法寄出,只好在《申报》上发表,一时成为广泛流传的趣闻和笑料。

诸如"肋(lē、lèi)"与"肘(zhǒu)","潜(qián)"与"潸(潸shān)",字形都十分相似,而音、义大不相同。如果是小孩子读错,老师或家长都会当面纠正,若出自高官或有脸面者之口,谁敢指其非?除非自己发觉,否则就不会有改正的机会了。呜呼哀哉!至于利用汉字的相似性弄虚作假,那就大错特错了。

有鉴于此,有必要列举一些似是而非的形近字供读者参考,以提高辨析汉字的能力。有些字,乍看很相似,读音也相近,字义却相距较远。这类字不少,有人取例字编成顺口溜,意在供人熟读、背诵,最好再抄写一两遍,若能举一反三,自可助你减少错别字。请用比较的方法读这首顺口溜:

木栽衣裁车装载,

竹篮蓝天兰花香。

低头脚底手指抵,

村庄形状身健壮。

口渴喝水别唱歌,

日晴目睛仔细看。

蜜蜂不忘是昆虫,

秘密在山峰里藏。

衬衫袖子衣字部,

祝福祖神示字旁。

买进卖出差个十,

步不加点伐加撇。

"识文断字"是古人阅读和书写的经验之谈。"断"就是正确判断,不要把字词读错写错。为了认准汉字,现在试举一批"似是而非"的汉字做示例,通过比较与辨析,"验明正身",使其发挥本该发挥的作用。容易混淆而讹错的汉字,有音、形、义多方面的情况,大多是因字形相似或相近的缘故,然而字音或字义往往相差甚远。例如戊(wù)、戍(shù)、戌(xū)、乖剌(là)、刺(cì)刀、干戈(gē)、游弋(yì)、折(zhé)断、拆(chāi)开、分析(xī)等等。下面再举例比较说明。

赢、嬴、羸、蠃

这是4个形声字,"头脸很相似,肚里不一样"。

赢:从贝,读 yíng。本义是做买卖有了余利,即赚了钱。由此引申为胜利之意,战场上打了胜仗,运动场上比赛获胜,下棋战胜了对手,都说是"赢"了。又引申为成功获得的意思,如赢得。例句:演讲完毕,赢得了全场的欢呼喝彩。

嬴:从女,与"赢"同音。这是一个很有名的姓氏。秦始皇就姓嬴,名政。

048

羸:从羊,读 léi。其本义是瘦弱或疲劳的意思。由"羸"组成的词有"羸瘦""羸弱""羸病"等。

蠃:从虫,读 luǒ。一种昆虫,也叫蜾蠃,是一种寄生蜂。

磬、罄、馨

这 3 个字的形体乍看近似,其实上同下不同;读音不一样,字义也不同。

磬:读 qìng,字义有两层意思:①古代打击乐器,用石或玉雕成。②寺庙中的打击乐器,用以召集众僧。

罄:读 qìng,意思是瓦器中空无盛物,引申为"尽""空"。例如:罄尽、告罄、罄竹难书。

馨:读 xīn,意思是散布很远的香气。例句:这里环境很好,令人感到温馨。

注意:"罄竹难书"的罄,切不能错用为"馨"或"磬"字。

骛、鹜

"骛"与"鹜"外形极其相似,两者下部一为"马",一为"鸟",但笔画几乎看不出差异。两字的读音相同,都读 wù,但字义不同。

骛:字义有二:①纵横奔驰。引申为迅急。②追求。例如:好高骛远。

鹜:指鸭子。例如:趋之若鹜。

书写时注意:"好高骛远"的"骛",切不可错写成"鹜"。可以这样联想:马跑得很快,"马"字底的"骜"是"追求"之意。

胐、眺

"胐"与"眺"这两个字,乍一看形体极似,仅一笔之差,读音又极近,往往被用错。

胐:从月,兆声,读 tiǎo。"胐"的本义为农历月底见月于西方。《说文》曰:"晦而月见西方谓之胐,从月兆声。"《汉书·张敞传》也说:"月胐日蚀,昼冥宵光。"可见"胐"指月光。历史上南朝时有一位著名诗人叫谢胐,字玄晖,建武二年(495)出任宣城太守,有《谢宣城集》传世。"玄晖"与"胐"相通,即月光的意思。世俗喜用"胐"字取名,因它是个好字眼。

眺:从目,兆声,读 tiào。《说文》曰:"目不正也,从目。"《玉篇》记曰:"眺望也。"《类篇》更具体地说:"远视也。"字义都和目有关。

可见,"眺"与"胐"的字义相差很远,毫不相干,所以要谨慎使用。

奕、弈

这两个字的形体很相近,读音相同,都读 yì,但字义不一样。

奕:美丽,奕奕,精神饱满。例如:神采奕奕。

弈:古代称围棋为"弈";下棋亦称"弈",例如:对弈。

"奕"字下部为"大",不能错写成对弈的"弈"。

蛰、蜇

曾有媒体报道"胡蜂蜇人"事件,用字发生错误,将"蜇人"误为"蛰人"。"蜇"和"蛰"是以"虫"为偏旁的形声字,形体很相似,音近,但义远。

蛰:读 zhé,是小动物蛰伏的意思,深藏而不出动,表示动物冬眠状态。在春暖苏醒后,有一"惊蛰"节气。惊蛰在每年的 3 月 5 日或 6 日,太阳到达黄经345 度,此时气温回暖,春雷萌动,惊醒蛰伏地下的动物。二十四节气中的"惊蛰",就应该用这个"蛰"字。

蜇:读 zhē,指有毒刺的虫类,将刺刺入人体或动物,像马蜂蜇人,就很厉害。"蜇"字还有一个读音 zhé,海蜇的"蜇"即读此音。它与惊蛰的"蛰"字同音,切不可用错。

己、已、巳

己、已、巳是 3 个形体非常相似的字,许多人容易把它们弄混、念错或写错。务必要记住这样两句话:"巳封己不封,已字在当中。"写时就不易弄错了。

"己"是自己的己,竖弯钩的竖的上端是不出头的,读 jǐ。甲乙丙丁戊己庚……"己"也是干支中天干第 6 位,用作顺序的第六。"干支"是天干和地支的合称。

"巳"则相反,是把上边的口全部封上,读 sì。巳是干支中"地支"的第 6 位;在旧的计时方法中,"巳时"指的是上午 9 点钟到 11 点钟。古籍中,巳时的"巳",尾巴上不带钩,写时与地支的"巳"

有一点区别。

"已"是已经的已,竖弯钩的竖的长度介于"己"与"巳"的中间。

需要明确的是,在这3个汉字中,"己"与"巳"可做声符造出形声字,而"已"则不能。用"己"作声符造出的形声字,如记(jì,日记、记录等)、杞(qǐ,周代国名,在今河南杞县一带,成语有杞人忧天)、圮(pǐ,倒塌、毁坏)、屺(qǐ,没长草木的山)。它们的读音大多发生了变化,变得与"己"不同。

至于用"巳"作声符的形声字,如圯(yí,桥)、汜(sì,河南省境内的河流名,汜水)、祀(sì,祭祀)。它们的读音至今仍多和"巳"保持一致。

戊、戍、戌、戎

乍看"戊、戍、戌"这三个字,形体几近相同,仅一笔之差。三者读音不同,字义也不一样。

戊:读 wù 音。"天干"的第五位,即"甲、乙、丙、丁、戊、己、庚、辛、壬、癸"之"戊"。可用作顺序的第五。

戍:读 shù 音。规范笔画是字内写一点。字义是军队防守,有"卫戍""戍边"等词。

戌:读 xū 音。规范笔画是字内写一短横。字义是十二"地支"的第十一位,即"子、丑、寅、卯、辰、巳、午、未、申、酉、戌、亥"之戌。古代用地支计时,戌时指晚上7点至9点。

古人把天干和地支合用,称为干支,取十干的"甲、丙、戊、庚、壬"和十二支的"子、寅、辰、午、申、戌"相配,十干的"乙、丁、己、辛、癸"和十二支的"丑、卯、巳、未、酉、亥"相配,共配成60组,用来表示年、月、日的次序,周而复始,循环使用。干支最初用以记日,后来多用于记年。现今农历的年份仍用干支计算。

"戊戌变法"是历史上的一次政治事件,就是农历戊戌年(1898)发生的。它是以康有为为首的改良主义者,通过光绪皇帝所进行的资产阶级政治改革,主要内容是学习西方,提倡科学文化,改革政治、教育制度,发展农、工、商业等。这次运动遭到以慈禧太后为首的守旧派的强烈反对。这年9月,慈禧太后发动政变,光绪被囚禁,维新派或遭捕杀或逃往国外。至此,历时仅103天的变法终告失败。

戎:读 róng 音。规范笔画是字内一短横加一小撇。字义为军队、军事。有"投笔从戎"的成语,亦有"戎马生涯"之说法,还有"戎装"这一名词。

肓、盲

这两个字仅一笔之差,外形酷似,但字义大不相同,读音亦相差很远。

肓:读 huāng,重病无救叫"病入膏肓"。

盲:读 máng,眼睛瞎了的意思。

崇、祟

"崇""祟"二字很相似,读音不同,字义相差很远。

祟:读 suì,是古人想象中的鬼怪或鬼怪害人的意思。引申为灾祸,如说"祸祟"。还引申为暗中谋害人或不正当的行为。例如"作祟""鬼鬼祟祟"。

崇:读 chóng,其意有三,一为"高",例如"崇高""崇山峻岭";二为"尊重""推重",例如"崇尚""崇拜""崇敬";三为姓氏。

注意:祟、崇二字在应用时切不可用反。"鬼祟"的"祟"字,不能用成"崇",反之亦然。

霄、宵

霄:形声字,从雨,肖声,读 xiāo。本义是霰雪。由于雪粒来自天空,故引申为云际、天空、苍穹,例如云霄、凌霄、霄汉、重霄、九霄、霄壤等。所谓"凌霄之志",比喻志向高远,也叫凌云之志;"霄汉"指天际,比喻非常高远;"霄壤之别"即天地之别,也叫天壤之别,比喻相去很远。

宵:形声字,肖声,读 xiāo。本义为夜晚,如通宵,即一整夜。

"宵禁"是夜晚戒严期间禁止通行。

"宵旰(gàn)"是"宵衣旰食"的略称,指天不亮就穿衣起床,天晚了才吃饭,形容勤于政事。

"元宵节"是正月十五日晚上,"元宵"是元宵节吃的一种美味,即糯米粉做成的球形汤圆,里面包有馅儿。"夜宵"指夜间小吃、快餐、便餐。从这个意义又引申出"小"的意思,如"宵人",即小人、坏人;"宵民",即小民,普通老百姓;"宵小",旧时指盗贼,现在用来泛指坏人。

刺、剌

这两个字的形体差异,只在中间的一个短横笔画有无而已。

刺:读 cì,尖锐的东西进入或穿过物体。是个多义字,例如刺激、刺探、讽刺、鱼刺、刺猬等。

剌:读 là,乖戾,违反事理,违背常情。也读 lá,"割"的意思。

洎、泪、汨、汩、泊

这五字乍看很相像,偏旁都是三点水,字素结构只不过一笔之差而已。但读音不同,字义大不一样。

洎:读 jì,是到、及的意思。例如"自古洎今"。

泪:读 lèi,眼泪。

汨:读 mì,水名,湖南的汨罗江。

汩:读 gǔ,水流的声音或样子。例如"溪流汩汩"。

泊:读 bó,字义有三,一为停船靠岸,例如"停泊""泊船""泊位";二为安静,例如"淡泊",旧指不贪图功名利禄;三为穷困、不得意,例如"落泊"。"泊"字还有另一读音 pō,指湖泊、血泊、水泊儿。山东有个"梁山泊"。

杲、杳

杲、杳,这两个字是上下结构,从日从木,两部分虽然完全相同,但因位置不同,意义便迥然有别。

杲:读 gǎo,会意字,上为日下为木,表示太阳升到了树梢头顶,意为明亮。如《诗经》里所写:"其雨其雨,杲杲出日。"描写的就是雨后太阳出来时明亮的情景。

杳:读 yǎo。会意字,上为木下为日,表示太阳西下,落到了树木的底下,天已完全黑了。本义为昏暗、幽暗。由此又引申为见不到踪影、无影无声,如"杳无音信""音容已杳""杳如黄鹤"等等。

第三节 易于讹错的词语

说话、写文章都要运用词语,词语是句子的重要组成部分,它是由一些字按一定的语法规则形成的,也有的词语是约定俗成的。某些关键的字由于音、形、义相近或相似,往往因容易混淆而错用。一旦用错,整个词语的意义就会发生变化,变得不伦不类,让人不知所云。词不达意会闹出笑话,甚至惹是生非。现列举若干实例以供鉴别。

容易读错的词语

字词常用,不等于大家都能正确识读。有许多字词就是常用常错,且习以为常。

一、形声字举例

许多字被读错,在很大程度上因为是形声字,致使"秀才识字读半边"。还因为有的是形近字、多义多音字、同义多音字、异读字等。例如:

隘:读 ài。如狭隘、关隘、要隘。

稗:读 bài。如水稻中的"稗子"。

胞:读 bāo。如细胞、同胞。

迸:读 bèng。如迸发、迸裂。

愎:读 bì。如刚愎自用。

濒:读 bīn。如濒临、濒危。

哺:读 bǔ。如哺乳、哺育、反哺。

糙:读 cāo。如粗糙。

阐:读 chǎn。如阐述、阐明。

偿:读 cháng。如赔偿、偿还、得不偿失。

炽:读 chì。如炽热。

杵:读 chǔ。如杵臼、砧杵。

簇:读 cù。如一簇鲜花、花团锦簇、簇拥。

磋:读 cuō。如磋商、切磋。

谛:读 dì。如真谛、妙谛。

蒂:读 dì。如瓜熟蒂落。

缔:读 dì。如缔造、缔结、取缔。

殆:读 dài。如百战不殆。

惮:读 dàn。如肆无忌惮。

怙:读 hù。如怙恶不悛(quān)。

刽:读 guì。如刽子手。

涸:读 hé。如干涸。

酵:读 jiào。如发酵、酵母菌。

赂：读 lù。如贿赂。

缕：读 lǚ。如千丝万缕。

履：读 lǚ。如削足适履、履历、履行。

绦：读 tāo。如绦虫、绦子。

迢：读 tiáo。如千里迢迢。

嵌：读 qiàn。如镶嵌、嵌入。

怯：读 qiè。如胆怯、怯懦。

褒：读 bāo。如褒奖、褒贬。

泵：读 bèng。如水泵（抽水机）。

豉：读 chǐ。如豆豉（一种发酵的豆制食品）。

刍：读 chú。如反刍、刍议。

舛：读 chuǎn。如舛错、舛误。

籴：读 dí。如籴米。

蠹：读 dù。如蠹虫、户枢不蠹。

蛊：读 gǔ。如蛊惑人心。

剐：读 guǎ。如千刀万剐。

咎：读 jiù。如归咎、咎由自取、既往不咎。

溺：读 nì。如溺水身亡。

恙：读 yàng。病，"无恙"即无病。

裔：读 yì。如后裔。

崽：读 zǎi。如狗崽子、小猪崽子。

蘸：读 zhàn。如蘸酱。

鸩：读 zhèn。一种有毒的鸟。

淦：读 gàn。如淦水。

二、特定读音的词语

汉语中的许多词语，自古有特定的读音。例如：

龌龊：读 wò chuò。表示肮脏。

酝酿：读 yùn niàng。例句：这件举措已酝酿很久了，今天正式决定。

怂恿：读 sǒng yǒng。例句：是别人怂恿他去干的。

觊觎：读 jì yú。希望得到不应该得到的东西。

戏谑："谑"字音 xuè。

混淆："淆"字音 xiáo。

阿谀："阿"字音 ē，平声。谀(yú)，谄媚、奉承之意。

殷红："殷"字音 yān。

解元："解"字音 jiè。

蓦然："蓦"字音 mò。

绚丽："绚"字音 xuàn。

棘手："棘"字音 jí。

嗔怒："嗔"字音 chēn。

杉木："杉"字音 shā。

宝藏："藏"字音 zàng。

鞭笞："笞"字音 chī。

女红："红"字音 gōng。

工尺："尺"字音 chě。

提防："提"字音 dī。

圩子:"圩"字音 wéi。

倔强:"强"字音 jiàng。

骁勇:"骁"字音 xiāo。

落魄:"魄"字音 pò。

蹊跷:"蹊"字音 qī。

龋齿:"龋"字音 qǔ。

吮吸:"吮"字音 shǔn。

粗犷:"犷"字音 guǎng。

憧憬:读 chōng jǐng。例句:憧憬着幸福的明天。"憧憬"即向往之意。

踱步:"踱"字音 duó。

徘徊:"徊"字音 huái。

干涸:"涸"字音 hé。

菜畦:"畦"字音 qí。

澎湃:"湃"字音 pài。

蹁跹:读 piān xiān。

愤懑:"懑"字音 mèn。

褴褛:读 lán lǚ,意为衣服破烂。

渣滓:"滓"字音 zǐ。

破绽:"绽"字音 zhàn。

粳米:"粳"字音 jīng。

焙干:"焙"字音 bèi。

发酵:"酵"字音 jiào。

咀嚼："咀"字音 jǔ。

蚍蜉："蚍"字音 pí。

蚌埠：读 bèng bù。

碓臼："碓"字音 duì。

圈肥："圈"字音 juàn。

痈疽：读 yōng jū，意为毒疮。

包庇："庇"字音 bì。

拯救："拯"字音 zhěng。

对峙："峙"字音 zhì。

碉堡："堡"字音 bǎo；在说村寨的"堡"时，如"十里堡"，念 pù；某些地名中念 bǔ，如瓦窑堡。

关卡："卡"字音 qiǎ。

对称："称"字音 chèn。

肄业："肄"字音 yì。

编纂："纂"字音 zuǎn。

奇数："奇"字音 jī，作单数讲；用作"奇怪"时，读 qí。

琵琶：读 pí pɑ。

呜咽："咽"字音 yè。

省亲："省"字音 xǐng。

龟裂："龟"字音 jūn。

水门汀："汀"字音 tīng。

鄱阳湖："鄱"字音 pó。该湖在江西省境内。

一幢楼："幢"字音 zhuàng。

南宫适："南宫"是姓。"适"字读 kuò。

否极泰来："否"字音 pǐ。否、泰,是六十四卦中的两个卦名, "否"是坏卦,而"泰"是好卦。成语"否极泰来"形容事情由坏朝好的方向转化。

遗之以书："遗"字音 wèi。此"遗"是赠予之意。

歃血为盟："歃"字音 shà。"歃血"是古人以牲血涂唇,誓盟表示诚意。

虚与委蛇:意思是对人假意敷衍应酬。"蛇"字音 yí。

长吁短叹："吁"字音 xū。

卫戍部队："戍"字音 shù。

装帧设计："帧"字音 zhēn。

联袂演出："袂"字音 mèi。

喟然长叹："喟"字音 kuì。

面面相觑："觑"字音 qù 。

垂涎三尺："涎"字音 xián。

良莠不齐："莠"字音 yǒu。

未雨绸缪："缪"字音 móu。

百舸争流："舸"字音 gě。

万马齐喑："喑"字音 yīn。

引吭高歌："吭"字音 háng。

惴惴不安："惴"字音 zhuì。

呕心沥血："血"字音 xuè。

抵掌而谈："抵"字音 zhǐ 。"抵掌"即击掌,表示高兴。

参差不齐:"参差"读 cēn cī。

南无阿弥陀佛:"南无"系佛教用语,表示对佛尊敬或皈依。"南无"音 nā mó。

一石二斛三斗四合米:"石"字音 dàn,"斛"字音 hú,"合"字音 gě。都是古时粮食计量单位。

常见词语的"别字"

《咬文嚼字》是一家著名的语言文字期刊,创刊于 1995 年。它在创刊 10 周年大会上公布了"当代汉语出版物中最常见的 100 个别字",其辨释文章又于 2005 年的第 7、8、9、10、11 期连载。这是一份很有学习与借鉴意义的文献。

这 100 个"别字",或者读音相近,或者字形相似,或者字义混淆,或者使用典故,因此在词语中容易写错用错。现摘要供诸君辨识,易错字以着重号标明。

安装　　　　甘拜下风

自暴自弃　　针砭

舶来品　　　脉搏

松弛　　　　一筹莫展

川流不息　　精粹

重叠　　　　度假村

妨碍　　　　辐射

一副对联　　天翻地覆

言简意赅　　大概

一鼓作气	悬梁刺股
震撼	凑合
候车室	迫不及待
即使	一如既往
草菅人命	矫揉造作
挖墙脚	一诺千金
不胫而走	竣工
不落窠臼	脍炙人口
打蜡	死皮赖脸
蓝天白云	鼎力相助
再接再厉	老两口
黄粱美梦	瞭望
水龙头	杀戮
痉挛	美轮美奂
啰唆	蛛丝马迹
萎靡不振	沉湎
明信片	墨守成规
大拇指	呕心沥血
平添	出其不意
修葺	青睐
罄竹难书	入场券
声名鹊起	发轫
瘙痒病	欣赏

谈笑风生	人情世故
有恃无恐	额手称庆
追溯	鬼鬼祟祟
金榜题名	走投无路
趋之若鹜	迁徙
洁白无瑕	九霄
宣泄	寒暄
旋律	赝品
滥竽充数	世外桃源
赃款	食不果腹
蛰伏	装帧
饮鸩止渴	坐镇
旁征博引	炙手可热
九州	床笫之私
恣意妄为	编纂
坐月子	竭泽而渔

不能自已(已,是"已经"的"已")　犹如猛虎下山

容易写错的词语

许多固定的词语,用字是固定的,一旦写错用错,就成了别字或错字,这个词语便不知所云了。如此白字先生,办事会因写错别字而把事情办砸,如果教书育人势必误人子弟。

明代冯梦龙撰《笑府》一书,其中载有一则故事:

两位教书先生仙逝,都到阎王那里报到。这两位活着教书的时候,一个总读别字,一个总读破句。阎王因他们不学无术,就罚读别字者来生做狗,读不成句子者做猪。读别字的这位居然恳求阎王说:"请让我做个母狗吧!"阎王惊愕地问为什么。对曰:"《礼记》云:临财母狗得,临难母狗免。"阎王听了也觉得新鲜。

其实,《礼记》原文是:"临财毋苟得,临难毋苟免。"这位别字先生居然把"毋苟"读成"母狗",真是让人笑掉大牙。这当然是一则笑话,是让人在笑声中警觉,不做别字先生。现在,列举一些常见常用的易错词语,供读者参考,易错字以着重号标明。

辨别	鞭挞
气候	侯门
等候	粗犷
别扭	部署
蹩脚	饬令
笔画	戳穿
颠覆	调拨
档案	担心
赌博	斗殴
赋予	砝码
分赃	关键
高亢	攻讦

含义　　　　　寒暄

鼓槌　　　　　畸形

伎俩　　　　　录像

篮球　　　　　掠美

联络　　　　　名誉

模型　　　　　年龄

牵动　　　　　彷徨

刹那　　　　　酗酒

疏浚　　　　　深邃

鸵鸟　　　　　外快

相片　　　　　肖像

预报　　　　　严峻

逸乐　　　　　争辩

帐篷　　　　　凑合

恣意　　　　　霎时间

副主任　　　　检察院

联络处　　　　马大哈

廖仲恺　　　　侃大山

置若罔闻　　　振聋发聩

无所适从　　　矫揉造作

危如累卵　　　委曲求全

相形见绌　　　唯命是从

引吭高歌　　　草菅人命

一帆风顺　　破釜沉舟

迫不及待　　鼎力相助

阴谋诡计　　一笔勾销

原形毕露　　萎靡不振

穷兵黩武　　气势汹汹

如法炮制　　前仆后继

死心塌地　　人心惶惶

铤而走险　　始终不渝

熟视无睹　　无耻谰言

开源节流　　融会贯通

矫枉过正　　兢兢业业

鳞次栉比　　戛然而止

刻苦攻读　　克敌制胜

拨乱反正　　名副其实

恬不知耻　　勠力同心

关怀备至　　各行其是

灰心丧气　　汗流浃背

锦绣河山　　戒骄戒躁

并驾齐驱　　好高骛远

变本加厉　　乘风破浪

惩前毖后　　趁热打铁

臭气熏天　　待价而沽

断章取义　　飞扬跋扈

负隅顽抗　　风尘仆仆

按部就班　　爱屋及乌

沁人心脾　　不胫而走

不徇私情　　碧波万顷

分道扬镳　　遍体鳞伤

食不甘味　　尸位素餐

罪不容诛　　视死如归

不肖子孙　　乘龙快婿

老奸巨猾　　重蹈覆辙

剑拔弩张　　明火执仗

歪风邪气　　坚如磐石

歪风邪气　　栩栩如生

漠不关心　　流连忘返

名列前茅　　销声匿迹

摩拳擦掌　　崭露头角

第四节　需要辨析的近义词

意义相近的词,通称为"近义词"。近义词由于意义相近,所以平常使用时往往会用得不准确。为了能够准确掌握更多的近义词,了解近义词之间的细微差别,我们必须学会辨析,这样使用才可能精准。

从词义方面辨析

有些近义词所指虽都是一种事物,但其中有的所指范围大,有的所指范围则小。现举例说明。

例1 "事情"与"事件"。"事情"这个词,统指一切事,所指范围大;而"事件"这个词是指突然发生的重大事情,其范围有限。像增加公交线路,可以说是加强城市交通的大事情;而某天在某处发生了一次撞车事故,就可以说是个突发事件。

例2 "时代"与"时期"。"时代"所跨越的时间比较长,而"时期"所指的时间范围就相对较短。像历史上的朝代,一般都历经几百年,就用"时代";而某一段时间,如第二次世界大战中国抵抗日本侵略的 14 年,就可称为"抗战时期"。

例3 "请求"与"恳求"。这两个近义词所表示的事物概念虽然相同,但在表现其某种特征或程度上有轻重的差别。"请求"是一般要求,而"恳求"则是恳切的要求,语气较重。两者在分量上是大不一样的,因此处理的方法和结果就会不同。

例4 "损坏"和"毁坏"。这两者都表示事物的损失,但"毁坏"所表示的损失在程度上要大得多。

例5 "花朵"与"花卉"。近义词在词义方面还有个体与集体之别。"花朵"或"花儿"是个体,即某种花或某朵花,而"花卉"是指所有的花。

例6 "书本"与"书籍"。同样指书的个体与集体的不同。

从感情色彩方面辨析

不少近义词的意义基本相同,但感情色彩不一样,这就是褒义词和贬义词。

例1 "顽强"与"顽固"这两个词都表现出坚持不变的意志,但"顽强"是褒义词,"顽固"是贬义词。

例2 "坚持"与"挣扎"这两个词都有死守的意思,但前者是褒义词,后者则是中性词,有时表示贬义。

当然,近义词中除有褒义词和贬义词之外,也还有中性词,如"坚守"等。

从功用方面辨析

近义词有个功用问题。

例1 "焯"(chāo)与"汆"(cuān)。这两个近义词都是一种烹饪方法,前者是把食材放在开水里略微一煮就捞出来再加工;而后者也是把食物放到开水里稍微一煮,但不再捞出来,即汆汤,或汆丸子等。

例2 "交流"与"交换"。"交流"常常与思想、经验等词配合使用;而"交换"常常与意见、礼品、数据等词配合使用。

例3 "滚动"与"移动"。这是两个关于物体运动的近义词,滚动的物体,与地面接触的点不断变化,而移动的物体与地面接触点则不变。此外,滚动的摩擦力小,而移动的摩擦力会大得多。

从词性方面辨析

近义词的词性,通常是不相同的。

例1 "阻碍"与"障碍"。这两个近义词,前者是动词,后者则是名词。

例2 "充满"与"充分"。这两个近义词,前者是动词,后者是形容词。

例3 "破坏"与"破损"。前者是动词,后者是形容词。

第五节 古今异义词探异

汉字是远古时创造并发展演变而来的,若能知晓汉字的历史源流、形体结构及其音义的变化,对阅读古代文献典籍自然有好处。古之文言,今之白话,有同有异。在词语对应关系上,异大于同;在语法方面,同大于异。所以现代人学习古汉语,其难点与重点都在于词汇部分。

文言中的每个词,如果都只有一个词形、一个意义和一个读音的话,情况就简单得多。而事实上,以单音词为主体的文言词汇,其音、形、义三方面都存在着错综复杂的关系。读音方面,既有一词多音,也有多词同音;词形方面,既有异词同形,也有一词多形;词义方面则更为复杂,既有词义的引申发展,又有词类活用的临时性词义变化。随着时光的流逝,词义古今不同就成了自然现象。今天要想透彻地掌握一个文言词,必须把它放在音、形、义的立体背景中,放到词汇系列对应关系中去审视。

古今异义词及其成因

一个词,今天表达的意思跟它在古时表达的意思不同,或不完全相同,这样的词我们称为"古今异义词"。例如大量的成语都是古代流传下来的,还保留了古义,像"走马观花""东奔西走""远走高飞""走南闯北"中的"走",都是"跑"的意思。有的人不了解这一层,把"走马观花"理解为骑在马上边走边看,这就犯了以今律古的错误。所以,读古文、吟古代诗词,第一步就要攻文字关。任何一种语言文字总是在发展变化,有许多字,古今同义,有些字则不然。有些字的字形、写法古今相同,意义却变了。理解了这个字的现代用法并不等于理解了这个字的古代用法。所以要重视识字。

语言是社会现象,它随着社会发展而相应地变化。新词语不断产生,一些词语获得新意而改变了原意,陈旧的词语被淘汰或成为历史词语的遗存。古今词义的变迁,大致有三种情况。

一、词义扩大

所谓"词义扩大",是指词所概括的内容增多,或词所指范围的扩展。例如"逝",本义是"往",后来增加了"离开"之义,又增加了"死去"之义。再如"脸",今天指整个面孔,而古代只指"目下颊上"那一小块,即女人搽胭脂的颧骨周围。宋代晏殊词"芳莲九蕊开新艳,轻红淡白匀双脸",晏几道词"轻匀两脸花,淡扫双眉柳",如果把古人所说的"脸"理解为整个面孔,就说不通了,一个人不可能有两张脸。

二、词义缩小

所谓"词义缩小",是指词所概括的内容减少,或词所指范围的收缩。例如"老师"一词,古代指资历深、受人尊敬的学者,包括有大学问的教师,而今只作为学生对教师的称呼,所指范围明显缩小了。

三、词义转移

所谓"词义转移",是指词所概括的内容和所指对象发生了改变,由甲类事物转移到乙类事物。例如"取经"一词,古义是求取佛经,像《洛阳伽蓝记·城北》记载:"闻义里有敦煌人宋云宅……惠生向西域取经,凡得一百七十部,皆是大乘妙典。"而今则指学习外单位或外地区的先进经验,一般人把"经"理解为"经验"。词义转移的字例很多,不妨再举几例。

例1　豆。"豆"这个词,现今都知道它是双子叶植物一科,草本、木本都有,如绿豆、黄豆、豌豆、扁豆乃至花生等都属这一科,统称豆类植物。然而"豆"这个词在古代,最初是指一种食器,像高脚盘,原本用来盛黍稷,供祭祀用。后来渐渐用来盛肉酱与肉羹。作为盛食器皿,鼎用来盛放肉类,簋用以盛放谷类,豆虽没有鼎、簋那么显赫,却也是席面上必不可少的盛食器皿,而且使用更为普遍,因为它能装的食物更杂,荤素均可,故贵族们饮宴时用"豆"数量非常多。可见,"豆"的词义古今变异很大。

例2　床。"床"这个词,在今天就是睡觉用的家具,然而在古代却是指座椅。古代"东床"一词,是女婿的雅称。晋朝太尉郗鉴派门生到丞相王导家选女婿,王丞相家的后生们个个装扮得整洁入时,恭候挑选,唯独一个叫王羲之的后生斜靠在东边的床上,一身朴实的旧衣,丝毫没有装饰。门生回报太尉,太尉喜欢朴实的人,便说:"我就选东床的那个后生做女婿。"王羲之后来成了有名的书法家,因为他坐在东边交椅上被选做了太尉家的女婿,"东床"也就成了女婿的雅称。

例3 "卑鄙""亲信""心腹""爪牙""喽啰"这些词在古代都不含贬义,现今都成了贬义词,感情色彩的转变非常大。

词义古今毫无差别的很少,多数词的古义今义都有差异。要读懂古书,接受古代优秀文化遗产,就一定要审视词语古今异义的问题,不可大而化之地阅读。

古今字词混淆例析

历史是一种客观存在,由于时过境迁,一些字词的意义因史料记载不详,后人对其所指为何事物往往是一种主观判断,未必符合史实。举例来说,"瓮"是一古字,它是很古的陶器。《宋史·司马光传》里就讲到"司马光破瓮"的故事,其原文曰:

> 群儿戏于庭,一儿登瓮,足跌没水中,众皆弃去,光持石击瓮破之,水迸,儿得活。

这是说司马光孩童时的故事。他和小伙伴在庭院里玩,有一小孩失足跌入盛水的大瓮中,众童都惊恐地离去,唯有小司马光举石砸破了瓮,水从中流出,那失足小孩得救了。这个传奇故事自宋朝以来妇孺皆知,说明小司马光天赋异禀,处理危机的能力过人。《司马光传》一开篇就说:"光生七岁,凛然如成人。"这部《宋史》由元末脱脱主编,当时司马光已逝去近300年了。然而,后世将"司马光破瓮"的故事编入少儿读本,却写成了"司马光砸缸"。这"缸"是"瓮"吗? 非也! 缸是缸(gāng),瓮是瓮(wèng),不可混淆。

认真研读史书可知道,"瓮"为一种收口的圆形大陶器,用以盛水或酒液,早在战国时期就已经有了,现今在博物馆里还可以看到。可是"缸"与瓮则大不相同,缸是底小敞口的圆形大陶器,这个意义的缸是明末才有的,比收口的大陶瓮要晚上2000年。所以我们见不到有关缸的古成语,而"请君入瓮""瓮中捉鳖""瓮天之见""瓮牖(yǒu)绳枢(shū)"或"瓮牖桑枢"等成语,耳熟能详。古城池的城墙建筑有一种"瓮城",就是围绕在城门外的小城,可以御敌于瓮城,战术上称为"关门打狗"。可见,"缸"与"瓮"不可相互替代。

今人之所以将"瓮"误成"缸",在很大程度上是对历史缺少研究,只知今日之缸,难免揣测而混淆了。此类古今含混的字词颇多,不胜枚举。总之,古今异义字词很多,这里举例解析,旨在对读者有些启发,能举一反三,以便阅读古籍时留心辨识。

例析"崩"

一、古义

①帝王或王后死亡。例如诸葛亮《出师表》:"先帝知臣谨慎,故临崩寄臣以大事也。"又如《后汉书·孝仁董皇后传》:"后郁

怖,疾病暴崩。"

②败坏。例如《论语·阳货》:"君子三年不为礼,礼必坏;三年不为乐,乐必崩。"

③倒塌。例如《春秋·成公五年》:"梁山崩。"

二、今义

①倒塌。例如:山崩地裂。

②破裂。例如:他俩谈崩了。

③枪毙。例如:敌人已被我们崩了!

例析"兵"

一、古义

①兵器。例如《荀子·议兵》:"古之兵,戈矛弓矢而已矣。"

《孟子·梁惠王上》:"填然鼓之,兵刃既接,弃甲曳兵而走。"

贾谊《过秦论上》:"收天下之兵,聚之咸阳。"

②军事,战争。例如《左传·隐公三年》:"有宠而好兵,公弗禁。"

③兵法。例如《战国策·秦策二》:"公不论兵,必大困。"

④用兵器伤人。例如《史记·伯夷列传》:"左右欲兵之。"

《吕氏春秋·侈乐》:"其王之与乐也,若冰之于炎日,反以自兵。"

二、今义

士兵、军人。例如炮兵、水兵、工程兵等。

成语"短兵相接""纸上谈兵"中的"兵",并非今天所认为的"士兵"之义,前者指兵器,后者指军事与战争的意思。

例析"薄"

一、古义

①浅薄。例如《周易·系辞下》:"德薄而位尊。"

②草木丛生。曹植《七启》:"搜林索险,探薄穷阻。"

③帘子。《庄子·达生》:"有张毅者,高门县(悬)薄,无不走也。"成玄英疏:"高门,富贵之家也,县薄,垂帘也。"

④逼迫。《左传·文公十二年》:"不待期而薄人于险,无勇也。"《周易·说卦》:"山泽通气,雷风相薄。"

⑤减轻。《周礼·地官·大司徒》:"以荒政十有二聚万民,一曰散利,二曰薄征。"

⑥迫近,靠近。李密《陈情表》:"日薄西山,气息奄奄,人命危浅,朝不虑夕。"范仲淹《岳阳楼记》:"薄暮冥冥,虎啸猿啼。"

⑦停泊。《楚辞·九章·哀郢》:"凌阳侯之泛滥兮,忽翱翔之焉薄?"

⑧混杂。方苞《狱中杂记》:"矢溺皆闭其中,与饮食之气相薄。"

二、今义

①厚度很小。例如:这房子墙体太薄,不保暖。

②淡,不浓。例如:今备薄酒,以表敬意。

③冷淡,不厚道。例如:先生待他的情分不薄呀!

④稀,不稠。例如:夏日太热,适宜晚上喝点薄粥。

⑤不肥沃。例如:田地太薄,长不出庄稼。

⑥轻微,量少。例如:薄礼奉上,敬请笑纳。

⑦轻视。例如:厚古薄今。

例析"聪明"

一、古义

①听觉、视觉灵敏。例如《管子·内业》:"耳目聪明,四枝(肢)坚固。"

②明察。《尚书·皋陶谟》:"天聪明,自我民聪明。"

《淮南子·修务训》:"为一人聪明而不足以遍照海内,故立三公九卿以辅翼之。"

二、今义

智力发达,智慧过人。例如:这孩子很聪明。

例析"处决"

一、古义

处理,决断。例如《新唐书·李辅国传》:"大家(指唐太宗)第坐宫中,外事听老奴处决。"

《晋书·李重传》:"每大事及疑议,辄参以经典处决,多皆施行。"

二、今义

除处理、决断外,还有执行死刑之义。例如:处决犯人。

例析"大义"

一、古义

①要义,要旨,大道理。例如《后汉书·班固传》:"所学无常师,不为章句,举大义而已。"《三国志·蜀书五·诸葛亮传》:"欲信大义于天下。"

②夫妇之义,指婚姻。《玉台新咏笺注·古诗为焦仲卿妻作》:"既欲结大义,故遣来贵门。"

二、今义

大道理。例如:深明大义,微言大义。

例析"大家"

一、古义

①富豪之家。例如《左传·昭公五年》:"箕襄、刑带、叔禽、叔椒、子羽,皆大家也。"《盐铁论·复古》:"往者,豪强大家,得管山海之利……一家聚众,或至千余人。"

②王族的封地。《尚书·梓材》:"以厥庶民暨厥臣达大家。"

③近臣、后妃对皇上的称呼。蔡邕《独断》:"亲近侍从官称(天子)曰大家。"

二、今义

①代词。代表一定范围内的人群。例如:请大家入座,会议马上就开始了。

②著名的大专家。例如:周有光先生是文字学大家。

例析"发明"

一、古义

①启发,开拓。例如宋玉《风赋》:"发明耳目,宁体便人。"《后汉书·马融传》:"洞荡匈(胸)臆,发明耳目。"

②阐发。《史记·孟子荀卿列传》:"(慎到等人)皆学黄老道德之术,因发明序其指意。"《汉书·楚元王传》:"及(刘)歆治《左氏》(指《左传》),引传文以解经,转向发明,由是章句义理备焉。"

二、今义

创造新的事物。例如:火药是中国最早发明的。

例析"勾当"

一、古义

①处理,办理。例如《北史·序传》:"事无大小,(梁)士彦一委(李)仲举,推寻勾当。"韩愈《潮州请置乡校牒》:"(赵德)为衙推官,专勾当州学,以督生徒。"

②主管。唐宋常用作职衔名。《新唐书·第五琦传》:"拜监察御史,勾当江淮租庸使。"

③事情。《元曲选·包待制陈州粜米》:"我保举的人,并无这种勾当。"《水浒传》第十六回:"全不晓得路途上的勾当艰难。多少好汉被蒙汗药麻翻了。"

二、今义

多指坏事。例如:这家伙的勾当,总有一天要大白于天下。

例析"故事"

一、古义

①旧事,旧业。例如《商君书·垦令》:"知农不离其故事,则草必垦矣。"

②先例,昔日的典章制度。《汉书·楚元王传》:"是时,宣帝循武帝故事,招选名儒俊才置左右。"

③典故。欧阳修《六一诗话》:"自《西昆集》出,时人争效之,诗体一变,而先生老辈患其多用故事,至于语僻难晓。"

二、今义

真实的或虚构的情节。例如:讲故事。

例析"很"

一、古义

①争讼。例如《礼记·曲礼上》:"很毋求胜。"

②通"狠",凶狠。《左传·襄公二十六年》:"大子痤美而很。"杜预注:"貌美而心很戾。"

③违背,不听从。《庄子·渔父》:"见过不更,闻谏愈甚,谓之很。"

《国语·吴语》:"今王将很天而伐齐。"

二、今义

程度副词,表示程度相当深。例如:这个姑娘长得很美,举止很端庄。

例析"货"

一、古义

①钱财。例如《孟子·梁惠王下》:"寡人有疾,寡人好(hào)货。"

②货币。《汉书·序传》:"货自龟贝,至此五铢。"

③贿赂,收买。《孟子·公孙丑下》:"无处而馈之,是货之也。焉有君子而可以货取乎?"

④出卖。《晋书·王戎传》:"家有好李,常出货之。"

二、今义

①商品。例如:超市为了找进货的门路,必须派人去参加订

货会。

②贬人、骂人的词语。例如:他是个蠢货!

例析"阶级"

一、古义

①官位俸给的等级,以示尊卑上下之别。例如《三国志·吴志·顾谭传》:"谭上疏曰:'臣闻有国有家者,必明嫡庶之端,异尊卑之礼,使高下有差,阶级踰邈,如此则骨肉之恩生,觊觎之望绝。'"

②台阶。例如《儒林外史》第十四回:"望着几十层阶级,走了上去,横过来又是几十层阶级,马二先生一气走上,不觉气喘。"

二、今义

除沿用古义外,阶级还指人们在一定的社会生产体系中,由于所处的社会地位和占有生产资料的不同而分成的利益集团,如工人阶级、资产阶级、农民阶级、地主阶级等。

例析"经济"

一、古义

①经世济民。例如《晋书·殷浩传》:"足下沉识淹长,思综通练,起而明之,足以经济。"《宋史·王安石传》:"以文章节行高一世,而尤以道德经济为己任。"

②本领,能力。例如《官场现形记》第五十三回:"领事听他如此一番说话,不由得哈哈大笑,夸奖他有经济,办得好。"

二、今义

①社会物质生产和再生产活动。例如:改革开放使中国经济持续增长。

②个人生活用度。例如:农民工进城打工,手头经济就宽裕多了。

③耗费较少而获益较大。例如:这样办农村养老院,确实经济实惠。

例析"举"

一、古义

①行动。例如《史记·项羽本纪》:"国家安危,在此一举。"梁启超《谭嗣同传》:"荣禄密谋,全在天津阅兵之举。"

②推举。例如《墨子·尚贤》:"故古者尧举舜于服泽之阳。"诸葛亮《出师表》:"是以众议举宠为督。"

③记录、登记。例如《左传·襄公二十七年》:"仲尼使举是礼也,以为多文辞。"《墨子·号令》:"悉举民室材木,凡若蔺石数,署长短大小。当举不举,吏有罪。"

④攻克,占领。例如贾谊《过秦论》:"南取汉中,西举巴、蜀。"杜牧《阿房宫赋》:"戍卒叫,函谷举。"

⑤施行,派遣。例如《吕氏春秋·察今》:"凡举事必循法以动。"《史记·春申君列传》:"王又举甲而攻魏。"

⑥成就。例如《史记·陈涉世家》:"且壮士不死则已,死即举大名耳。"

⑦起飞。例如张衡《西京赋》:"鸟不暇举,兽不得发。"

⑧抚养,喂养。例如刘向《古列女传·汉赵飞燕》:"飞燕初生,父母不举,三日不死,乃收养之。"

⑨科举考试,也指考试中选。例如《唐宋传奇集·柳毅传》:

"有儒生柳毅者,应举下第。"周容《芋老人传》:"乙先得举,登仕路,闻甲落魄,笑不顾。"

⑩生育。例如恽敬《答来卿书》:"四月中得书,知小女举男子,甚喜。"

⑪全,皆。例如《孟子·梁惠王下》:"举欣欣然有喜色。"

二、今义

除古义外,"举"还具有以下两种意义:

①往上托,往上伸。例如:高举红旗和标语牌。

②提出。例如:请举出实例说明问题。又如:发现腐败要敢于举报。

例析"孔"

一、古义

①姓氏。如今还常用的成语"孔孟之道""孔席墨突",其中的"孔"都是指孔子。

②名词,小洞眼。

③副词,表示"甚、很"的意思,在《诗经》中用得很多。例如《诗经·小雅·小旻》:"谋夫孔多,是用不集。"其中的"孔多"就是"很多"之意。《诗经·郑风·羔裘》:"羔裘豹饰,孔武有力。"毛亨为这句诗作传时说:"孔,甚。"此外,还有"孔阳"是"很明亮,很鲜明","孔怀"是"很想念、十分思念","孔疚"是"非常难过"等等。

孙中山先生用文言文撰写的《香港兴中会宣言》中说:"本会需才孔亟,会友散处四方,自当随时随地,物色贤材。"文中的"孔亟"就是"很紧急,很急迫"的意思。"孔"作为副词的用法,在现代汉语中没有保留,只在"孔武有力"这样的成语中还能见到。

二、今义

①姓氏。

②名词,光学里的"小孔成像"实验,"孔"即小洞眼。

例析"嫁"

一、古义

古人造"嫁"字,左边"女",右边"家",有"自家而出谓之嫁"的说法,女儿离开自个儿的家,就是嫁。

"嫁"字在古代另有一种说法,叫"归",是"回归"的归。《诗经》里有一首特别美的诗,描述女孩子出嫁的情景:"桃之夭夭,灼灼其华。之子于归,宜其室家!"可见"归"这个字颇有深意,"归"者回家也。古人认为,丈夫家是女子最好的归宿,只有嫁了人,才是真正回了家。

还有一种说法,"嫁"这个字古音并不读 jià,而是十分接近"沽(gū)""购(gòu)""贾(gǔ)"的读音。"沽"是"沽(买)酒""待价而沽(卖)""沽(捞取)名钓誉"的沽;"购"是"购买"的购;"贾"是"商贾(坐商)""余勇可贾(卖)"的贾,表示买卖交易的意思。贾字不读 jiǎ,要读 gǔ。现今浙江宁波方言说出嫁的"嫁",就发"gū"音,仍保留古音的特色。贾与购,都以"贝"字为偏旁部首,表示财货之意。因此,"嫁"的古音不仅接近这些字,词义也与这些字相近,这意味着"嫁"有买卖的含义。因为古时婚姻,全由"父母之命,媒妁之言"来主宰。娶妻纳妾必须花钱,美其名曰"聘礼"或"彩礼"。

二、今义

①"嫁"字,指闺女出嫁,或丧夫或离异改嫁,俗称"嫁人",其义古今基本相同。但在思想昌明的今天,男婚女嫁,出父母家而择偶成自己家,夫妻共同生活必须以爱情为基础,法律保护男女平等,铲除了封建时买卖婚姻的恶习。

②转移罪名、损失、负担等。如转嫁、嫁祸于人。

③姓氏。

例析"说"

一、古义

①陈述,解说。如《荀子·正名》:"说不喻然后辨。"

②言论,主张,学说。

③喜欢,高兴。

《论语》中有一名句:"子曰'学而时习之,不亦说乎?'"这里的"说",在古代用作"悦"字,读音和意义与"悦(yuè)"字相同,即"愉快""高兴"的意思。如果当作说话的"说"来解,读成说话的"说",那就错了。

二、今义

今天,谁都知道这是说话的"说(shuō)",用话表达自己的意见;还表示言论主张,即"学说"的说,"著书立说"也;还表示责备、批评,如"爸爸说了他几句";还有介绍、说合之义,如"说婆家"。

此外,"说"字另读 shuì,是用话劝说别人,使之听从自己的意见,即"游说"。

第六节　古籍里难读的古字词辨认

古籍里的数字、人名、官职、地名、国名,尤其是姓氏相当复杂,其中不少有特异读法。许多字词,由于种种历史原因难写难认,稍不认真,就会让我们成为白字先生。不越过这一关,阅读古籍难免差错连连。

易读错的古数字

汉字中的数字系列,自古有着"廿、卅、卌"三个字,分别表示二十、三十、四十。《说文》一书上说得明白,是地道的古文字。

这"廿、卅、卌"三个字,一般人恐怕都以为是后来人书写的简化字。因为今人编写的字书上,除《中华大字典》外,在介绍它们时,大多只有注音,而二十、三十、四十则成了对字义的解释。其实,这三个字都是《说文》上的本字,并非后人所创。从字体结构看,这三个字都是以象形方式组合而成的单音节表意字。古代文人把它们当成单独的字来使用,像左宗棠的一副对联就用到"廿"这个古数字:

春殿语从容,廿载家山印心石在;

大江流日夜,八州子弟翘首公归。

据史料记载,道光十七年(1837),湖南醴陵县令为巴结回家扫墓的两江总督陶澍,新修馆所迎接这位位高权重的总督大人。县令邀请左宗棠为新馆写了这副对联,左氏时任醴陵渌江书院山长(即校长),年26岁。上联中的"廿载家山印心石在",是说陶澍离家做官已20年,但少年在家乡读书的"印心石屋"尚在,像"春殿语从容"一样。下联中的"八州子弟翘首公归",是表达湖南(古称"八州")子弟欢迎陶澍回来之深情,与"大江流日夜"情景交融。这副对联打动了陶澍的心,陶澍对此联作者"激赏",便命县令召作者左宗棠会面,一见之下,竟然"倾谈竟夕,与订交而别"。

当然,古人用"廿""卅"这样古数字的地方很多,而今这两个字还常被使用,如历史上的五卅惨案。至于"卉、卌"两个字已很少用作数字了,尤其是"卉"字,自从《正字通》认定此字为花卉的俗体字"卉(huì)"以后,便以"卌"替代"卉"。一般人在古书上见到这三个字,差不多都会分别读成"二十、三十、四十"的双音节,这显然不正确,应该按照古音读成单音节才对:

廿读 niàn,卉(卌)读 sà,卌读 sì。

宋代洪迈在他的《容斋随笔》卷五中,就专门讲了这三个字古今异同的问题。他指出《说文》本字后,又以文辞加以验证。秦始皇时镌刻在石碑上歌功颂德的文辞都是四字一句,例如《泰山辞》石本,即书写为"廿有六年",想必其他都是这样的四字句表示纪年。而《史记》一书中,每到纪年的句子,总是变成五字句,显然不读单音节了。例如其记载的《泰山辞》曰:"皇帝临位,二十有六年。"《琅邪台颂》曰:"维二十六年,皇帝作始。"《东观颂》曰:"维二十九年,皇帝春游。"《会稽颂》曰:"德惠修长,三十有七年。"由此,洪迈推断改读这几个数字的是司马迁,或者是后人传抄的讹错。

易读写错误的姓氏

自古姓氏多有特别,某些姓所用的字写法不变,读音却与众不同,最容易读错,也往往会写错。如果不认真对待,难免出洋相。请试读一些姓氏实例。

区:念 ōu。

华:念 huà。

佟:念 tóng。

仇:念 qiú。

纪:念 jǐ。

解:念 xiè。

查:念 zhā。

任:念 rén。

芮:念 ruì。

盖:念 gě。

单:念 shàn。

种:念 chóng。

玊:念 sù,不读"宝玉"的玉(yù),它与玉的写法不同,一点在

第二画的上面。汉代有一位王况,曾任陈留太守,后升司徒。(参见《后汉书·侯霸传》)

鉏:姓氏,又是古国名,也是农具。念 chí,这是本姓人的读法,但外地人都读 chú,鉏姓很少见,仅安徽省怀远县古城乡庙荒村有鉏姓千余人。

鉏姓的祖宗说法不一,按《左传》记载,春秋时期的晋灵公昏庸无道,因大臣赵盾多次劝谏,觉得他很讨厌,便派刺客鉏麑去谋杀赵盾。鉏麑在天还未亮时便乘夜色潜入赵府,见赵盾已将朝服穿戴整齐,坐着打瞌睡,等候上早朝。鉏麑见此情景便退了出来,心想:"这样一位恭敬规矩的人,应该是个好人,杀他就是不忠;但不杀有违君命,无法交差,又是不信。不忠不信,有了一条,倒不如自己死了好!"于是,这位鉏麑便一头撞在槐树上,自杀了。这个故事,在今天的电视剧《古国北风》里有此情节。鉏姓的堂号"触槐堂"和"忠信堂",正源于此。所以说,鉏姓的祖先是鉏麑。还有另一说,鉏姓源于妘姓,出自夏王朝中期有穷鉏氏国君主。由于汉字简化,"鉏"在计算机中打不出来,办不了银行卡,买不了火车票,甚至连原始身份证都是手写出来的,给鉏姓人家的社会生活带来种种不便,因此,鉏姓村民集体要求改姓。

鉏姓究竟有多少人口,分布在全国哪些地方,还有待考察。

万俟:复姓,念 mò qí。"万俟"原是鲜卑族的部落名,后来成了一个复姓,读音比较特殊,我们读古籍或读历史人文时不能读错。南宋有个大奸臣叫万俟卨(xiè),他伙同秦桧害死了岳飞,故在一些历史评书里经常会涉及。

尉迟：复姓，念 yù chí。

毌丘：魏人复姓，后世简略为毌，其中第一个字"毌"念 guàn；"毌"与母、毋的写法都不同，中间是一竖，不出头。汉有毌丘长，见《后汉书·吴祐传》；《三国演义》里有一个毌丘俭，曾和司马师大战一场；又是古国名，在山东曹县。

先零：复姓，念 xiān lián。汉代西羌族之一支。

单父：复姓，念 shàn fù；又是地名，即今山东菏泽单县。

易读错的人名

古往今来，人们取名字是很注意用字的，总爱选择意义美好的字，以求吉利，叫起来响亮。也有的父母为了表示自己的孩子与众不同，别具风格，喜欢选用一些冷僻字。特别是那些帝王，为表示至尊，还专门造出生字来作为自己的名字。还有一些人为避讳，往往把自己的名字增笔或减笔。这样一来，从古至今的许多人名中就有了不少难认的字。不妨举例以明之。

墨翟：墨子，春秋末年战国初期的思想家、教育家、科学家、军事家，墨家学派的创始人。墨翟读 mò dí，不读 mò zhái。念 zhái 的"翟"，只用于姓氏。

夫差：春秋时期吴国国王名，夫差的"差"，不能读成"差错"的差，应读 fū chāi，即"邮差""差使"的 chāi 音。

伍员：大名鼎鼎的伍子胥，读 wǔ yún。春秋时期楚国人，因父仇奔佐吴王阖闾。

郦食其：读 lì yì jī。西汉名人。此人是秦末楚汉时的说客，献计沛公下陈留，后来说齐被烹。

禽滑厘：读 qín gǔ lí。战国时期人，墨翟的学生。

审食其：读 shěn yì jī。西汉名人。

呼韩邪：读 hū hán yé。汉代匈奴单于的名字。

冒顿：读 mò dú。汉匈奴单于头曼之子。他弑父自立。

可汗：读 kè hán。古代鲜卑、回纥、突厥、蒙古等民族的最高统治者。

金日磾：读 jīn mì dī。汉匈奴休屠王太子，汉武帝时拜为将军。

史籀：读 shǐ zhòu。周宣王太史，作大篆十五篇，成为大篆的主要创造者，所以大篆又称"籀文"。

米芾：读 mǐ fú。宋代著名书画、金石艺术家。

赵衰："衰"读 cuī。春秋时期晋国人，辅佐晋文公定霸业。

高渐离："渐"读 jiān。战国时期燕国人，善于击筑，为荆轲报仇，扑秦始皇未中，被杀。

樊於期：读 fán wū jī。战国时期秦将，自刭，以颅使荆轲献秦王。

曹大家："家"读 gū。即汉代班昭，东汉和帝赐号大家。

赵孟頫："頫"读 fǔ。元朝书画家。

獯粥：读 xūn yù。古族名，匈奴别名。

阏氏：读 yān zhī。汉时匈奴王后称号，也作焉提。

繁延寿："繁"读 pó。汉人，殷民七族有繁氏。

丏：读 miǎn。"丏"字意为遮蔽。此字用作人名的只有民国名人夏丏尊一人，他是有意让人家写错为"丐"字而起用"丏"的，说来恐怕人们都不会相信有这样的事。起名字有意让人写错，天下仅此一个。

曌：读 zhào。唐代武则天为自己的名字造了这个字。"曌"字不可写成"瞾"。

彧：读 yù。"彧"字是有文采的意思。南朝宋明帝名刘彧。

烨：读 yè。很亮的意思。清朝康熙帝即爱新觉罗·玄烨。

棣：读 dì。明成祖朱棣。

晟：读 shèng。光明、兴盛之意。金太宗名完颜晟。

惇：读 dūn。敦厚之意。南宋光宗皇帝名赵惇。

勖：读 xù。勉励的意思。后唐庄宗皇帝名李存勖。

珩：读 héng。意为佩玉，人名中常见字。

媛：读 yuàn。意为美女，自古多用于女性名字。

妲：读 dá。古今多用于女性名字。

婵：读 chán。古诗文中常用婵娟形容女子，自古亦多用婵取名。

糜：谷物的一种。胡适先生小时候的名字叫嗣糜，昵称"糜儿"，还有叫他"糜先生"的。"糜"字读 mén。

琛：读 chēn。珍宝之意。清朝末代皇帝溥仪的老师，其中有一位就叫陈宝琛。我国外交部前部长中有一位叫钱其琛。琛不可与"深 shēn"字混淆。

不易读准的地名

我国有许多地名,在古籍和生活中时常会涉及,因为是多音字,故需正确选择读音。例如:

浚县:属河南省。其"浚"字应读 xùn 音。

黄陂区:属湖北省。其"陂"字应读 pí 音。

乐清市:属浙江省。其"乐"字应读 yuè 音。

牟平区:属山东省。其"牟"字应读 mù 音。

单县:属山东省。其"单"字应读 shàn 音。

东阿县:属山东省。其"阿"字应读 ē 音。

蔚县:属河北省。其"蔚"字应读 yù 音。

歙县:属安徽省。其"歙"字应读 shè 音。

铅山:属江西省。其"铅"字应读 yán 音。

筠连县:属四川省。其"筠"字应读 jūn 音。

因为汉字多音等原因,致使不少地名用字中的同一个字在甲地名中是一种读音,而在乙地名中则是另一种读音。例如:

长:在山西省长治市读 cháng,而在长子县则读 zhǎng。

莘:在上海市莘庄读 xīn,而在山东省莘县则又读 shēn。

行:在河北省行唐县读 xíng,而在上海市闵行区则又读 háng。

由于民情和历史文化等原因,一些地名用字中的同一个字,其韵母、音调相同,而声母不同。例如:"番"这个字,在广东省有"番(pān)禺",而在新疆有吐鲁番(fān)。

也有一些地名用字中的同一个字,其声母、韵母完全相同,而音调不同。例如:

丽:浙江省有个丽(lí)水市,云南省有个丽(lì)江市。

台:我国除台(tái)湾省,还有浙江省的台(tāi)州市。

易读错的古地名、国名

古今字词读音有相当变异,因此,古籍上的古地名、国名会有特定的读音,不能以今音去读。正由于我国许多地名承载着一个地方的历史文化、民俗风情、语言文字等诸多信息,因而面对没把握的古地名时,不宜轻易张口,免得读错而生尴尬。

月氏:读 yuè zhī。古西域的一个族名和国名。

六安:安徽省的一个古地名。2016 年,在央视《新闻联播》一则报道中,主持人将安徽六安读作"六(liù)安",对此,立马就有网友指出,应该读作六(lù)安。然而央视主持人回应:"对于媒体工作者来说,发音书写的唯一依据是经过国家权威部门审定的字典。"原来,《现代汉语字典》第 4 版上,"六"字有两个读音,从第 5版至第 7 版均取消了六(lù)的读音。

天台:读 tiān tāi。山名,位于浙江省。

东莞:读 dōng guǎn。古郡名,在今山东莒县,与广东东莞市无关。

吐谷浑:读 tǔ yù hún。古族名。

若邪(耶):读 ruò yē。在今浙江绍兴市南,山下有溪,传说为西施浣纱处。

趵突：读 bào tū。济南名泉。

涪州："涪"读 fú。今重庆市涪陵。

龟兹：读 qiū cí。古国名、县名。

冠豸山：读 guàn zhài shān，是福建省的一个古地名，因其山的主峰形似古代执法者戴着"獬豸冠"而得名。"獬豸（xiè zhì）"是古代传说中的异兽，能辨曲直，一见坏人就用角去顶撞。其中"豸"字当地古今都读 zhài 音。然而现今字词典中的"豸"字，只注（zhì）音，释义为"没有脚的虫"。2006 年，民政部、教育部、国家语言文字委员会应福建省的请示，联合发文同意将"冠豸山"的读音定为古音读法。《现代汉语词典》从第 6 版开始，将"豸"字在 zhì 基础上增加了 zhài 的读音，专指冠豸山。

易读错的词语

许多标志性的词语，反映的是古代事物，其音不可随意以今音来读。

仆射：读 pú yè。古官名，元代以后废除。

率更："率"读 lǜ。古官名，掌管时辰、知漏刻。

女娲："娲"读 wā。传说中的补天神话人物。

谶纬：读 chèn wěi。谶录图讳，预卜吉凶。

纶巾：读 guān jīn。古代青丝绶为冠，一称诸葛巾。

星宿：读 xīng xiù。

女红：读 nǚ gōng。古代指女子所做的纺织、缝纫、刺绣等工作和这些工作的成品。

矜寡：读 guān guǎ。又作鳏寡，无妻、无夫者也。

肯綮：读 kěn qìng。古时说筋骨结合处，比喻事物的关键。

期年：读 jī nián。一周年之意。

戆直：读 zhuàng zhí。憨厚而刚直。

稽首：读 qǐ shǒu。古代一种礼节。

易读错的重叠词语

重叠连用的字有着特定的读音。这些字是多音字，虽一字多音，但用于重叠，只能固定地读一个音。例如：

莘莘学子：莘(shēn)莘，形容众多。"莘"应读"身"音，不读"辛(xīn)"音。

哓哓不休：哓(xiāo)哓，形容争辩的声音。哓，应读"肖"音，不读"挠"或"尧"音。

呱呱坠地：呱(gū)呱，古籍上指小儿哭声。这儿的"呱"应读"孤"音，不读"瓜"音。

庸中佼佼：佼(jiǎo)佼，美好的意思。指在一般人中比较突出者。语出《后汉书·刘盆子传》："卿所谓铁中铮铮，庸中佼佼者也。"

伐木丁丁：丁(zhēng)丁，象声词，形容伐木、下棋、弹琴等的声音，原见《诗·小雅·伐木》。这儿的"丁"应读"争"音，不读"叮"音。

第七节 计量的单位与数字校正

计量单位是什么？自古人们说话和写文章，都会用到计量单位。如果只有计量数字而无相应的单位，必然无法说清问题。例如下面的对话：

甲问:你吃了多少？

乙答:我吃了三。

可以看出，甲的问话首先不妥，没有计量单位作前提。到底是问乙一餐吃多少，还是一天吃多少？而乙的回答虽有量值"三"但无"单位"，他说吃了"三"，到底是三碗、三盆，还是三锅？这"餐""天""碗""盆"和"锅"等等，都可说是用以计量的单位。

再如，我们常说住房面积是多少多少平方米，这"平方米（㎡）"就是计算面积常用的一种单位，"m"是单位"米"的符号。没有这些与计算相应的单位，那势必词不达意，成为一笔糊涂账。

计量单位作为信息的一个重要组成部分，被广泛使用到各个领域，几乎人人都要用到计量单位。但因对计量单位熟悉程度的不同，以及受习惯的影响，人们在使用计量单位时，常常会出现这样或那样的问题。在人们的日常言语中乃至各种出版物中，计量单位使用不当、不规范的情况屡见不鲜。

非法定的计量单位

语言文字使用计量单位,如果不统一,势必会造成混乱,从而产生糊涂账。因此,计量单位必须由国家用法律的形式加以统一,这就是计量单位的国家标准。我国早在 1985 年颁布的《计量法》中,就明确"国际单位制和国家选定的其他计量单位,为国家法定计量单位","非国家法定计量单位应当废除",并强调从 1986 年 7 月 1 日起必须使用国家法定计量单位。中华人民共和国国家标准《量和单位》第三版已从 1994 年 7 月 1 日起实施。

一、难以绝迹的"市制"

法定计量单位虽已推行几十年,但由于普及力度不够,像丈、尺、寸、斤、里、亩等"市制",至今在日常生活中,甚至某些媒体和出版物中仍未绝迹。诸如:

- 因地震滚落到公路上的岩石,大的超过两丈立方。
- 肥料足,很快就会长到四五尺高!
- 它个儿大,肉多,60 天就能长到三四斤。
- 开发区周边长达 30 华里,总面积已过 5000 亩。

....

这些非法定计量单位在我国使用的时间悠久,想彻底根除这种历史性的"习惯",不是一件很容易的事,还要下大力气。尤其是新闻媒体和出版工作者,在普及和正确使用法定计量单位的工作中,起着重要的把关作用。

二、已废的外国单位

外国仍在使用的英尺、英寸、英里等,是我国非法定的计量单位。这种情况多出现在引用和翻译的外文数据或图书中。如果因某种原因,不宜换算成我国法定计量单位,就应该在相应的位置加注解说明。

三、似是而非的计量单位

非法定计量单位的情况比较复杂,往往似是而非,不熟悉者极易混淆。例如:

大楼里已安装 5 台 25 万大卡的空调机。

这"大卡"是热量单位,是非国际单位制的单位,应换算成"吉焦(GJ)"。我们常说:

这段时间用电约 500 度。

这种用电的计量单位"度"已经废除,应使用"千瓦时"。总之,遇到这些已废除的计量单位,都应该按换算关系换算成法定计量单位。

四、"非法定"的特殊情况

我们在强调使用法定计量单位的同时,有两种特殊情况需要区别对待。

一种是古籍或史料里的旧制问题。古籍和史料中的旧制计量单位及其量值,是古人依据当时的计量单位对客观事物进行的记载。例如:

- 此举耗费黄金上万两。
- 一去二三里,烟村四五家。
- 家有万贯,补纳一半。
- 烽火城西百尺楼,……无那金闺万里愁。
……

当引用这些史料时,对其中的非法定计量单位,为保持历史的真实面貌,不必将它们变换成法定计量单位。对于有些非法定计量单位,在非考核其量值不可时,可用法定单位换算加以注释。

另一种是成语、谚语、歇后语中的计量单位问题。成语、谚语、歇后语等,是传统文化的精髓,它们已成定式,不可随便更改其中的非法定计量单位,只能保持原样。例如:

- 此地无银三百两。
- 半斤八两。
- 丈二和尚摸不着头脑。
- 道高一尺,魔高一丈!
……

不规范的计量单位

使用计量单位,即使是法定的,由于书写不正确等原因,导致法定计量单位仍然不规范。

一、单位符号随意大小写

按照国家标准,一般单位符号为小写体,来源于人名的单位符号,其首字母应大写。大小写问题是计量单位出错的一个重要原因。试举一例句:

张三家门口的晒场改造以后,长宽各有 10M。

单看这句话,就是熟悉计量单位的人也未必能理解此处"M"的意思,好像晒场经过改造后面积扩大了;计量单位的符号本应是小写的"m(米)",却变成了大写的"M"。这个大写的 M 是词头"兆"的符号,不能单独用作单位。

计量单位的大小写问题不能不重视,因为大小写不同,代表着不同的计量单位。如果大小写不正确,势必会产生两种错误:

①会使计量单位代表的意义或词头的数量级完全不同。如把词头 m(毫)误写成大写 M(兆),必将使对应的数字扩大 9 个数量级,造成的误差将是巨大的!

②导致非计量单位的出现。有些外文符号,其大小写代表了不同的计量单位,但有些外文符号只有当大写或小写时,才代表计量单位。例如,计量单位"Ω(欧)"其小写"ω"就不是计量单位

了。所以,一定要注意大小写的问题,避免变成非计量单位。

二、单位符号正斜体不分

正斜体不分,这是最常见的问题。《量和单位》中明确规定:"单位的符号一律用正体字母""量的符号都必须用斜体"。有些外文符号正体代表计量单位,斜体却代表物理量的符号。

由此可见,正斜体一定要明确,不能随意书写,否则,将会出错或造成种种混乱。

例1."3m"表示长度"3 米",而"3m(斜体)"则代表"质量 m(斜体)的 3 倍"。

例2."6V"表示电压"6 伏",而"6v(斜体)"则代表"体积 V(斜体)"的 6 倍。

三、单位名称和符号随意拆开

计量单位原有"名称"和"符号"两部分,两者必须作为一个整体使用,不可随意拆开。例如:

摄氏温度单位"摄氏度"表示的量值,写成"30 ℃",并应读成"30 摄氏度"。

然而,在实际工作中存在以下几种不正确的用法。

①省去"摄氏"二字,直接使用度。例如"30 度"。这样容易与平面角度的中文符号"度"相混淆。这种不正确的用法在日常生活中很普遍,人们把气温、水温、体温都说成多少度。

②把数字放在"度"前。例如"20 摄氏度"。

③表示温度范围时,把符号"℃"拆开使用。例如"温度高达 40°～200℃"。

四、单位符号重复地使用

同时使用中文符号与外文符号,造成计量单位的重复使用,这种情况并不少见。例如:

经过检测,这面墙体与地面的角度,呈90°度直角。

这"°"与"度"就是重复使用,无疑是不规范的用法。

五、计量单位任意地省略

任意省略计量单位的问题,在日常口语中很普遍。例如:

今天早晨量出血压的收缩压是180。

这"180"后面的"mmHg"被省略了。书写时是万万不可省的。

六、单位乱"插用"在数字中

计量单位插在数字中的情况,也较常见。例如:

他第一次跳过了1米20的高度!

这句表述,把"米"插在1与20之间,而20后面又无计量单位,这种用法显然不完整。正确的表述应为"他第一次跳过了1.20米的高度",或者是120厘米,后面改用"厘米"作单位。

七、中外文符号混用

在书面表达中,计量单位的中文符号与国际符号混用,例如质量的单位,这一处用"千克",另一处又用"kg",或正文中用"千克",插图或表格中又写成"kg"。这样的混用虽不算错,但使文字体例不一致。

八、单位名称使用不当

计量单位的名称不规范,屡见不鲜。例如:

地下排水沟的截面为 3 米见方。

正确的表述应为"地下排水沟的截面为 3 平方米",或写成"3m^2"。《量和单位》中对面积和体积的单位名称做了明确规定,只能用"平方"和"立方"。

九、单位的版式问题

计量单位的国际符号必须整体使用,不能被拆开使用。例如,长度计量单位"厘米"的外文符号"cm",就不能把"c"放在句末,而把"m"放到下一行的行首。其他形式组合的单位符号依此类推,均不可在移行时拆开。

十、单位使用不当的笑话

不同的单位都需要量词,没有它参与计量不行;但是有了量词,用得不当也不行。比方说有这样一个笑话:

儿子在学校里学了量词的知识。1 头猪,2 匹马,3 只猴子,4 条蛇……儿子捧着书三心二意地读着,常常颠三倒四。这孩子的爸爸打开书给他举例纠正:"形容比较肥、比较大的动物,像猪这样的就用'头',而像猴子这样瘦小的动物就用'只'来形容……"

儿子听着不耐烦了,急忙打断他爸爸的话说:"爸爸,我知道了,比如我们家,就是一头爸爸,一只妈妈。对吧?"

这当然是个笑话,童言无忌,但它告诫我们,单位用得不当,确实令人尴尬,甚至引发计量的错误。

规范计量数字

计量之事,除了规范使用单位,表示量值的数字也同样存在一个规范问题。新华通讯社曾就新闻报道作过关于"数字"使用的规定,我们书面语言的表达可以参照使用。凡出版物,特别是科技书刊,更应重视"数字"的恰当使用。

一、计时的数字问题

计量时间所用的数字,主要有下面几种情况。

①公历年、月、日的用字:凡公历年、月、日,一律用阿拉伯数字。例如 2018 年 10 月 1 日,公元前 620 年,12 月底,8 月中旬,1949—2018 等等,依此类推。

公历年号要写全数,例如"2018 年 6 月"不可写成"18 年 6 月"。

②世纪、年代的用字:凡世纪、年代的数字,宜使用阿拉伯数字,例如 21 世纪 20 年代……

③农历年、月、日与帝王纪年的用字:凡农历的年、月、日与帝

107

王纪年,都用汉字。例如正月十五闹元宵,光绪三年四月初五,乙未年重阳节之类等等。

二、宜用阿拉伯数字的量值

应用数字计量的事项很多,不能一一列举,但在现代,大多计量的量值都应该使用阿拉伯数字,这样方便统一,易于交流。

①时间、经纬度、温度等用字:这些计量用阿拉伯数字表示,方便简约。例如凌晨 2 点 20 分、北纬 18°、东经 120°50′、31.4 ℃、－5°F 等。

②分数、百分比、千分率的用字:分数在科技书刊中,应用阿拉伯数字为佳,例如"3/4 或 $\frac{3}{4}$",其他作品可用中文字,例如"四分之三";百分比应为 30%,5%左右,25%~50%等。

③其他计量数字用字:需要计量的事项数不胜数,现今对它们的用字多应以阿拉伯数字为妥。例如"25 马力拖拉机 5 台""钳工 25 名""行程 160 公里""跑道 1000 米""水稻扩种 100 亩""30 万伏变压器"等等。

不过,对于 3 位以上的整数,尾端"0"的数目超过 3 个的时候,可用"万""亿"等中文汉字,取代相应位数的阿拉伯数字,构成阿拉伯数字与中文数字并用的写法。例如:

　　"800,000"也可写成 80 万;

　　"345,000,000 元"可写成 34,500 万元,或 3.45 亿,但不可写成 3 亿 4,500 万元,或 3 亿 4 千 500 万元。

这样写,以免阿拉伯数字位数太多,造成读数不便。不过,多位数的阿拉伯字,均应每隔3位加一逗号,为的是便于阅读。

④文献"篇、卷、页"的数字:引用文献资料的"篇、卷、章、页"的数字,除古籍仍依原著所用数字,一般不加改动之外,对外文版或目前新版中文书的数字使用,一般以阿拉伯数字为妥。例如《列宁文选》第3卷41页,《辞海》上卷903页等。

三、宜用中文数字的量值

凡组成词语、成语的数字,序位数和不定数都适宜使用中文数字。

①常有用数字组成的词语,例如十大关系、三大纪律八项注意、中央八项规定、四川省、两个一百年的梦想、十四年抗战、"十四五"规划等等。

②汉语词语中有数字的很多,例如朝三暮四、七上八下、四舍五入、不管三七二十一等等。

③表示序位的数字词语,随时都会用到。例如第三次浪潮、《第八交响曲》、第四肋间神经、第一疗程、《论语》第二页、《测图海镜》第十二卷、双方第一次会见、高考理科第一名等等。

不过,用于图、表的序号,或省略"章""节"字样的章序、节序数例外,可以用阿拉伯数字。

④关于"不定数",大体是个约数。例如,花了三四年的工夫,跑了七八个省市,好不容易收了二三百斤,这个店铺只有二十几平方米,门外的停车场占地一二百亩等等。

第三章 诗书文『差池』鉴

差池,即差错的意思。"鉴"者,鉴别也。现今流行一种说法,"无错不成书"。这固然有点夸大其词,但不外说明眼下出版物的差错比较严重。图书如此,报纸、期刊、影视、书法作品,乃至网络,都存在文字差错。阅读它们应有一定的鉴别力。

还有另一层面的是是非非,那就是传统文化中的名"错"奇观。某些文章的作者有他自己的人生观、世界观,即使炮制出的是"奇文",也未必都错,或者说它从根本上就是对的。因为它客观存在,我们也不妨一读,或许能从不同的角度扩大视野,增长见识,增强我们的文化免疫力,这就是借"鉴"的问题。

第一节 儒家千古名言另解

儒家是我国古代崇奉孔孟学说的重要学派。孔子被奉为圣人,孟子继孔子之后,被尊为"亚圣",两者学说一脉相承,共同形成儒家思想中的核心与代表,这就是后世统称的"孔孟之道"。五四运动后,儒家学说随着封建社会的没落,而日渐丧失其作为正统思想的地位。但由于它统治中国学术思想长达两千多年,其经典又一直是历代封建统治者的最高信条,因而为后世保存了较为丰富的文化遗产。儒家学派的哲学思想主流是唯心主义的，但有些学派是唯物主义的，如以荀子、王夫之、颜元、戴震为代表的儒家，就有许多为后世熟知的思想和名句。例如"内圣外王"一说，即一面成就内在道德的人格修养，一面成就外在王道事功，即做事本领的习练，这是孔子开创的儒学大旨。如果说，孟子对孔学的发扬主要在"内圣"，荀子则主要在"外王"。诸如此类思想在中华传统文化中影响很大。

遗憾的是，他们的某些伟大思想，却因种种原因有多种解读，甚至被曲解。不妨试举一二，共同剖析之。

《论语》何以会被误读

孔子是我国古代伟大的政治家、思想家、教育家，世人称之为至圣先师，其思想富有极强的生命力和包容性。有人认为《论语》是孔子的著作，这是一大误解。孔子弟子三千，其中七十二贤人，而《论语》就是孔子与其弟子、时人对话的记录，亦可谓"对话集"。它直接记录了孔子答问的言论，并非孔子以第一人称所著。

千百年来，《论语》之所以被视为中华文化的经典，是因为它鲜明地反映了孔子的学术思想，是儒家学说的核心。宋代开国宰相赵普曾标榜自己"半部《论语》治天下"，这从一个侧面折射出《论语》的历史价值。今天，如何正确解读《论语》是一个有意义的问题。

令人惊异的是，透过《论语》，看公元前 500 多年时孔子讲的话，即当时的口头语经文字记录在"册"，今天大都还能读懂，这可以说是世界文化的一大奇迹。然而,今天绝大多数人无法读懂11世纪的英文,这成为我们中国人一致坚决反对汉字拼音化、拉丁化的重要原因。

话说回来,《论语》既然不太难读懂,为何千百年来会出现许许多多的注释?据说《论语》注释家少说也有两千多个。毕竟《论语》是几千年前的语言文字了,其对于生活在急剧变化的今天的读者,特别是年轻读者,不是轻而易举能理解的了。古代文字简练而含蓄,往往变得模棱两可,因而容易被误解。特别是文言文中字词的意义,今昔变异很大,何况还有"通假字"等现象;另外古文还有一个断句问题,不同的断句方法,也许就会出现不同的意思。这便使一些新释与孔子的原意产生了距离,甚或面目全非。如果人云亦云,自然以讹传讹了。

读"民可使由之,不可使知之"

这句名言是孔子所说,出自《论语·泰伯》,原文说"子曰:民可使由之不可使知之"。《论语》主要是记载孔子的语录,上下文之间往往没有多少联系。当时的文章,除了断句,其他标点符号还没有发明,所以容易被误读。它原本讲的究竟是什么意思,往往需要钻研推敲。

长期以来,此语都被断成"子曰:民可使由之,不可使知之",于是这样翻译:

孔子说:"可以要老百姓跟着走,不可以让老百姓知道这是为什么。"

　　这样理解显然是一种愚民思想：只能要老百姓服从，不可以让老百姓懂得其中的道理。这明显不符合孔子的思想，也为主张民主的现代人所诟病。

　　孔子这句话大可这样断句："子曰：民可使，由之；不可使，知之。"它的准确意思，可以转引沈善增所著《孔子原来这么说》的注释：

　　　　孔子说："如果民众的力量可以使用，就顺从他们；如果民众的力量不可以使用，就要去了解他们。"

　　康有为曾改句读为"子曰：'民可，使由之；不可，使知之'"，它的意思，我们换一种描述，想必也能接近孔子的原意：

　　　　孔子说：民众的知识和素质达到一定程度了，就要"使由之"，即给他们足够的自由权去做他们想做的事；如果民众的知识和素质还比较低，就得"使知之"，即教育他们，通过教育来提高他们的认识与素质。

　　类似的注译是接近孔子本意的。因此，有人认为这是把孔子的思想推向了民主化，其实综合孔子的其他言论及早期相关的注释看，这种"民主"在古代并不奇怪。对此，李泽厚先生这样说：

"古代的'民主'正是'为民做主','民为贵'也只是这种意思,而并非人民做主的现代民主。"

辽宁大学已故教授阎简弼,曾经提出过第四种标点法:"子曰:'民可使由之?不可!使知之。'"按此似可如此解释:

> 孔子说:"要让老百姓跟着走吗?不容易!这得让他们知道为什么。"

这样的理解,应该说也接近孔子讲的原意,因为孔子不主张让民众盲从。

读"老而不死,是为贼"

这是别有用心的人断章取义,是对老者的不敬,借孔子的嘴巴在咒骂长者。

孔子是说过这话,但它的前提不能割裂,说这话原是有一定语境的。其原话是这样说的:"原壤夷俟。子曰:'幼而不孙弟,长而无述焉,老而不死,是为贼'",译成白话即是说:

> 原壤箕踞坐着等待孔子。孔子说:"小时候不谦逊敬长,长大了会无作为,老了还不快死,这叫作祸害。"

孔子的上述这番话有其针对性,是在批评原壤这小子,不讲礼貌,拉开双腿踞蹲着,便用拐杖敲他的小腿。朱熹《四书章句集

117

注》记载:"夷,蹲踞也。……孔子既责之,而因以所曳之杖,微击其胫,若使勿蹲踞然。"

又据刘宝楠《论语正义》:"原壤,鲁人,孔子故旧。"

再参照李泽厚《论语今读》等注释可知,原壤这个人,据说是孔子的老朋友,对孔子不大礼貌,孔子对他也不客气。因为熟悉,所以开玩笑,才说了那一番"老而不死"的话。

当今网络上时有恶搞孔子的事,诸如《孔子秘密档案》之类,歪曲孔子言论,丑化孔子形象。这样恶搞,自然是给传统文化抹黑。

读"礼不下庶人,刑不上大夫"

"刑不上大夫,礼不下庶人"这两句话,长期以来被人有意无意地宣讲成统治者的"护身符"。他们认为刑罚不能对上加到有官职的士大夫头上,而礼遇不必对下给予老百姓。这是对儒家政治思想的极大歪曲。

其实,世人对"上""下"的字意认识不全面,它除了指方位,还有尊、卑之意。"礼不下庶人,刑不上大夫"的原句是这样:"刑不尊大夫,礼不卑庶人。"意思就是说,不会因为官员士大夫的尊贵,就可以免除刑罚,也不会因为老百姓的社会地位低,就将他们排除于文明社会之外。

为什么说士大夫不可不恪守节操?因为士大夫是有社会地位、有身份的人,万一犯法,被法律制裁了,就是极大的耻辱,是很丢人现眼的丑事,为避免这样的事情发生,做士大夫的人更要恪守节操,谨遵法度。正如《明史·刑法志》所言:"古者刑不上大夫,以励廉耻也。"古时候儒家之所以强调刑不尊大夫,大夫犯法与民同罪,就是用以激励大夫保持廉耻之心。这种理念,对今日之公务员带头遵纪守法仍有教益。

所谓"礼不下庶人",原本是"礼不卑庶人",不能因为老百姓的社会地位卑下,就把他们排斥在外。这正是儒家"有教无类""以礼化民"之教化思想的具体体现!

当今,党和国家在改革开放中日益注重民生、民主,强调社会公平、执法公正,这是与上述理念一脉相承的。

读"学而优则仕"

"学而优则仕",语出《论语·子张》:"子夏曰:'仕而优则学,学而优则仕。'"笔者认为,这里的"优"是说优裕,有时间、有精力的意思。就是说,当官的有时间、有精力的话,可以做做学问;做学问的人有时间、有精力的话,可以去当官,为民众服务。今人对儒家的这一倡导,都理解成"学好了就可以去做官",此乃对儒家这一思想的极大误解。

儒家是要求为社会服务的。孔子选择入世,入世就是要和现实政治有千丝万缕的联系。就是说,孔子想进入现实政府并发挥作用,他和他的弟子想通过道德教育来转化政治,并非反过来接受现存的政治权威。这是先秦儒家的思想主张。如果儒家在政界的影响力大,其对社会的服务性可能会更高。

孔子讲的"仕",正是通过为社会服务,创造条件使大家能够安居乐业,能够幸福生活,而后富裕,然后"好礼",以此来培养道德的理性。但很遗憾,孔子的政治理念与当时政府权力结构运作存在矛盾,在当时是不可能实现的。所以孔子在政治上必然失意,只能周游列国,到处游说。

所以说,儒家讲"学而优则仕",是体现儒家要为社会服务的思想,绝非为了做官。

读"三思而后行"

今人多用"三思而后行"来劝人谨慎从事,不要蛮干。这样的理解,只能说对了一半,因为它后面还有半句话被割裂,因此理解就片面了。

"三思而后行"语出《论语·公冶长》,原文是这样的:"季文子三思而后行。子闻之,曰:'再,斯可矣。'"意思是说,季文子每做一件事都要再三考虑很多遍。孔子听闻之后说道:考虑两遍就可以了。就是说,孔老夫子的意思是从两种不同角度去考虑问题便可以了,不要想得太多。否则,会犹豫不决,即使做起来也会有畏首畏尾的情绪。

读"存天理,灭人欲"

"存天理,灭人欲",是南宋理学大师朱熹提出来的,为的是缓和社会矛盾,同时也成为一句饱受断章取义乃至歪曲之苦的名句。其中有一种极端的理解:服从统治是天意,一切个人欲望都要消灭。

很明显,这是维护封建统治者的残酷统治的言论,显然,违背了朱子的本意。

朱熹主张的"天理""人欲"是什么呢?朱熹解释说:

> 饮食,天理也;山珍海味,人欲也。夫妻,天理也;三妻四妾,人欲也。

朱熹认为,自然健康而情操高尚的生活,是天经地义的。因为人必须要吃饭才能活下去,必须有夫妻生活才能繁衍后代,而吃饭只要健康卫生即可,一夫一妻也更利于家庭和谐。所以,饮食和夫妻才是"天"之"理",也就是至高无上的理、"自然"之理。孔子也讲"君子食无求饱""饭疏食,饮水,曲肱而枕之,乐亦在其中矣"。可见,儒家追求的是生活简朴。

中国人都知道"天人合一",自古都认为,天、地、人为"三才"。人的意义和天、地是一样的,既不能超越自然,也不要无能为力,这就是儒家的科学态度。就是说,人永远也不要忘记天地给予的力量,人要在自然中追求和谐。真正的和谐是什么?是人对自然的敬畏,存一种顺应,存一种默契,保护生态环境,使天地万物和谐而快乐地共同成长。

读"富贵不能淫"

当今人们一说到"淫",就会想到"好色""淫乱""淫荡""乱搞男女关系",理论根据就是"万恶淫为首"。于是乎,有人就会把

"富贵不能淫"这句话理解成：有了钱有了地位之后切不能乱搞男女关系。

联想到社会上流传一种"男人有钱就变坏"的说法，或许就是这一理念的思想基础。

"万恶淫为首"是一条古训，至今仍有重要的现实意义。但不能将它与另一条古训"富贵不能淫"联系起来理解，因为在古汉语中，此"淫"非彼"淫"，它们是两个完全不同的概念，驴唇不对马嘴。

"富贵不能淫"出自《孟子·滕文公下》，曰："富贵不能淫，贫贱不能移，威武不能屈。此之谓大丈夫。"孟子推介滕文公的评论说，大丈夫应该是富贵不能惑乱其心，以此形容人品的坚贞。其中的"淫"，并非淫荡、淫乱之意，而是"迷惑"的意思。所谓"富贵不能淫"，意思是说不为金钱地位所迷惑，这与"色情"毫无关系。

读"民无信不立"

《论语》中记载，子贡向孔子请教为政之道，孔子一一回答他所提的问题之后，说："自古皆有死，民无信不立。"

"民无信不立"是一句非常重要的政治箴言，但今天人们对它的理解多有歧义。台湾学者徐复观专门写过文章，对此进行了辨识。在他看来，对这句话的误读隐含的是政治观点的明显不同。

通常以钱穆为代表的一种观点，认为"信"是针对民众说的，就是说，民众宁可死也不可以无信。钱穆以为此语是孔子针对执政者给民众的教化而言的，强调政治稳定的核心是民众的诚信。

徐复观先生之所以重视这句话的正确诠释，是因为后代的误读，源自一个更严重的学术错误，就是统治者颠倒了"修身"与"治人"的关系，常把对执政者的"修身"原则拿到政治上，作为对民众的要求。像朱熹就有"民亦宁死而不失信于我也"这一说法，就极易成为专制者控制民众的思想工具。

孔子说"民无信不立"，是反映了先秦儒家的观点：民众不信任你，你就站不住脚。

今人误解成"民众不可无信"，这是曲解了先秦儒家的本意，因为早先儒家是把对民众的"养"放在首位的。可以说，政治的根本目的，在于保障人民的基本权益，执政者是为民众办事而存在的，绝不是为奴役民众而存在的。

读"闭门造车"

现如今，常有人将"闭门造车"这句古语用作贬义，形容脱离实际，盲目行事。这在很大程度上是对这句古语的误解，因为它断章取义，后面的半句被割裂了，这就颠覆了古语的原意。

"闭门造车"语出南宋理学家朱熹《〈中庸〉或问》卷三。原文是这样的：

> 古语所谓"闭门造车，出门合辙"，盖言其法之同也。

朱熹所说的原意是什么呢？其原意是说，只要按照同一规格，就算关起门来制造车辆，出门使用时也能和路上的车辙完全相合。古代的车辆,两轮之间的距离是固定的,符合规格,就能合辙。这个词语是称赞"出门合辙"的巧妙,根本不是贬义词! 就是说,"闭门造车"绝不意味着脱离实际。用现代术语来说,只要车辆设计合乎规范和标准,按照规格去生产,那么它在哪里生产制造都一样地合乎需要。

读"穷则独善其身,达则兼济天下"

"穷则独善其身,达则兼济天下"这句话在今天所出现的误解,是有人从字面上去理解:

> 穷困时要管好自己,不要干坏事;发达了就要广济民众,管好国家。

而且有人把它算在孔子名下,说它是孔子的名言。其实这是孟子的话。据《孟子·尽心上》记载,一位名叫宋勾践的人,喜欢游说诸侯,孟子与他谈论游说之道时,说了"穷则独善其身,达则兼济天下"这句话,其本意是什么呢? 穷,指人不得志;达,指得志。这两句话的完整意思是说:

> 古代的君子,不得志时就加强自身修养,得志时就在加强自身修养的同时,还要让普天下老百姓的生活都美好起来。

今人对古语难免有误解，这就要求我们读古文时要慎之又慎，切不可想当然地用今天的语法去套解。

第二节　道家千古名言另解

"道家"是关于"道"的学说的学派，以中国先秦哲学家老子（老聃[dān]）、庄子为代表。"道"是中国哲学的术语，本义为人行之路，引申为规律、准则、宇宙本原等意义。初见于春秋时期，子产有"天道"与"人道"的说法。孔子主要讲"人道"，所谓"君子学道则爱人"。老子则将"道"上升为一个哲学概念，认为"道"是先天地而生的宇宙本原，道为一切之母，是产生世界万物的总根源及变化的总规律，并提出"道生一，一生二，二生三，三生万物"的观点，强调"道法自然"。他提出了"有无相生，福祸相倚"的概念，跟黑格尔的辩证法非常神似。但对生命的态度，老子主张"贵柔"，与西方哲学"尚刚健"的主张又形成了强烈反差。老子的生活主张是"无为"与"不争"，这使西方人感到陌生。这种神似、反差与陌生，造就了西方思想家眼里老子的独特魅力。

老子在中国历史上的地位和影响，明显低于孔子，这主要是因为孔子思想借助政治力量得到强制性传播。如果我们单纯从哲学的角度去考察孔、老二者的学说，老子学说的哲学含量更高，他更关注客观规律性，即所谓"道"，它是普遍性原理。而孔子更关心的是人际关系，《论语》体现的是社会管理、道德法则，它必须因时、因地制宜。老子作为道家的代表，他的学说《道德经》仅仅

5000余字,道家却成为先秦诸子百家中极重要的一家,它有许多名言在中华传统文化中影响较深,为取其精华、去其糟粕,我们要学会甄别。

"道法自然"并非效法大自然

《老子》第二十五章:"人法地,地法天,天法道,道法自然。"这几句是整个老子哲学思想的基座。正如南怀瑾先生所言,它是"老子千古不易的密语,为老子思想的精华所在"。此话很得老子要领。

"人法地,地法天,天法道"好理解,而"道法自然"往往被直观地理解成"道效法整个宇宙天地",显然是把老子的"自然"等同于今天所说的大自然了,这种解释其实违背了真意。老子所说的"自然",是指道本来如此,"自"是自在本身,"然"是如此、这样的意思。故所谓"道法自然",是指"道性自然,无所法也"(河上公注),所以"道法自然"是说道乃"自然而然",道以自己的本性为法则。具体而言,道所效法的"自然",就是春夏秋冬、东南西北,亦时空规律。《易经》说"天行健,君子以自强不息",说的也是这个道理。就是做任何一件事情,都要思考这事在规律上该处于哪个位置。它是在春天还是秋天呢?如果在春天,就不要指望它明天就结果,一定要等到秋天才行,这样做看起来是"无为",实际是有为,这就是我们常说的"顺其自然""自然而然",尊重了客观规律。如果硬要从春天一下就蹦到秋天,那其实就什么也办不成了。

我们再看看南怀瑾先生对此的解释。他认为老子所说的"自然",是指道的本身具有绝对性,"自然"便是道,"自然"如此,根本不需要效法谁。道本来如此,原来如此,所以谓之"自然"。张岱年先生在《老子哲学辨微》中也曾直截了当地说:《老子》书中的"自然"一词,并非指自然界,而是"自己如此之意"。

《老子》一书许多章节里都有"自然"这个词语,由此,其意也就不难理解了。例如第六十四章"以辅万物之自然而不敢为"、第十七章"百姓皆谓'我自然'"、第二十三章"希言自然"、第五十一章"夫莫之爵而常自然"等等,都应该是自然而然、顺其自然、自己如此、原来如此的意思,绝不是今人所说的"大自然"。总而言之,就是"天时地利人和的规律,是自然而然的"。

"非以明民,将以愚之"并非愚民

长期以来,许多人都认为老子是主张推行愚民政策的。其基本的依据是老子提出:"古之为道者,非以明民,将以愚之"。很明显,人们误解了老子这句话中的"愚"字。如果以现代汉语去理解字面意思,当然是说老子主张愚民政策的了。

其实不然,古汉语的"愚"字与今天我们所说的"愚",意义大不一样。所谓"愚之",实为使民众诚朴、淳厚的意思。所以说,老子说的"愚之"根本不是提倡愚民,而是主张铲除奸诈,提倡诚实和质朴。可见,此"愚"非彼"愚"也。

"吾生也有涯,而知也无涯"并非强求

道家学派的另一名人是庄子,即庄周,他不仅仅是战国时期

的哲学家,更是先秦诸子中的文学大家。庄周最杰出的地方,是用极富想象力的寓言,讲述了一个又一个令人难忘的故事,而在这些寓言故事中,都有一系列鲜明的艺术形象。这一下,他就成了那个思想巨人时代的异类,一个充满哲思的文学家。《逍遥游》《人间世》《秋水》《齐物论》《德充符》《大宗师》《养生主》……这些篇章,既是中国哲学史,也是中国文学史上的第一流佳作。"吾生也有涯,而知也无涯"这句名言出自《庄子·养生主》,原话这样说:

吾生也有涯,而知也无涯。以有涯随无涯,殆(dài)已!

此语原意是说,我们的生命是有限的,但面对的知识是无限的,我们若以本来有限的生命去追求那种永远看不到边的尽头,是必然会失败的。这是劝解读书人循序渐进适可而止的话。这是告诉你做不到的事情就不要强求啊!他讲究实事求是。

然而,这句名言却被一些叫喊"人定胜天"的人,当作激励年轻人拼命读书的名言供奉着,认为学无止境,应该拼命地去追求。

第三节　唐诗误读甄别

其实,"无错不成书"的说法,古亦有之。古人读书比起现代人来,就寒碜多了。印刷机、复印机在中国都是近现代才开始使用的,古代的"书"主要靠手抄,一笔一画地抄写,由于种种原因,难免抄错或漏抄几个字。即使有雕版印刷,也在木板上一刀一刀地雕刻,同样会刻错或漏刻几个字……

倘是大部头著作,错漏几个字或许无伤大雅,但若是诗词在传抄或雕版时错漏了几个字,哪怕是一个字,必将使作品伤筋动骨甚至面目全非。因为诗词的字数是很有限的,可谓精练到极点。它是要以最少的字表达尽可能多的美妙含义,一字之差,很可能会改变整首诗词的格调。万一酿成差错的诗词版本流传后世,那么我们就会对诗词作者的本意产生误读错解,误会之大往往难以料定。

唐代是我国历史上诗之最盛期。唐朝距今已经 1000 多年了,其间世事变迁,战乱频仍,信息辗转,物是人非,许多唐诗作品与最初版本或多或少不一样。我们耳熟能详的许多经典名句,往往是一些美丽的误会,我们只有在多方考证和研究中才能发现其真迹。

"床前明月光"不涉"床铺"

李白的《静夜思》在唐诗中,是一首"绝妙古今"的名作。全诗短短四句,鲜明地勾勒出一幅生动形象的"月夜思乡图":

床前明月光,疑是地上霜。

举头望明月,低头思故乡。

它写了远客思乡之情,信口吟成,没有精工华丽的辞藻,却意

129

味深长,耐人寻味。诗人没有说的比他已经说出来的要多得多。我们不难领会到李白绝句的"自然""无意于工而无不工"的妙境。难怪千百年来,这首诗如此广泛地吸引着读者。

现在要说的是这首诗的第一个字"床",长期以来,人们都习惯地把它理解为睡觉用的床铺,其实或许不是这么回事。

史书告诉我们,汉魏以前,堂前的地面上铺着席子,古人都是席地而坐的,根本没有什么椅子和凳。汉灵帝时,从北方传入了一种"胡床",它的样子犹如矮凳。与胡床同时传入的还有一种绳床。"绳床"是双足交叉的,可以折叠,好像今天用的马扎,便于携带,尤其便于架在马背上使用。这种绳床后来也统称为胡床。

时至隋朝,因忌说"胡"字,而且这种"胡床"的特点是木质双脚交叉,张开后才能平稳,故改名为"交床"。

到了南宋,人们便将交床改称为"交椅",以与睡床相区别。于是,第一把交椅或第几把交椅的说法就此出现了,因为交椅并非任何人都能坐的,坐交椅乃是一种身份、地位的象征。"坐第一把交椅"就自然成了首领的代名词。然而,交椅虽方便搬动,但不太牢固,坐着也不舒服。据说,秦桧坐这种"交椅"时,头总是朝后仰,以致巾帻落地。京尹吴渊为了拍秦桧的马屁,特地在交椅后面加装了一个托背,人称"太师椅"。

时过境迁,太师椅渐渐地取代了"交椅"。明清以后,交椅已不多见。可见,古人说的"床"就是"椅"的意思。

"黄河远上白云间"吗

这是唐代大诗人王之涣所撰绝句《凉州词》的名句。

黄河远上白云间，一片孤城万仞山。

羌笛何须怨杨柳，春风不度玉门关。

"凉州词"是乐府宫调曲名，内容多写凉州一带边塞风光和战事，凉州治所在姑臧(今甘肃省武威市)。但熟读唐诗并对原版有钻研的人，一看便知这诗的首句与往昔初版的"黄沙远上白云间"，有了一字之差。

谁敢轻易改动唐诗呢？这无疑是因千年的传抄讹错。"河"字与"沙"字的行书或草书都很近似，稍有大意，难免看错误抄。然而又是谁发现了这一差错呢？

原来，这是我国著名气象学家、地理学家竺可桢先生研究、查考的科学成果。他在《物候学》中这样说："这是很合乎凉州以西玉门关一带春天情况的。和王之涣同时而齐名的诗人王昌龄，有一首《从军行》诗：'青海长云暗雪山，孤城遥望玉门关。黄沙百战穿金甲，不破楼兰终不还。'也是把玉门关和黄沙联系起来。同时代的王维《送刘司直赴安西》五言诗：'绝域阳关道，胡沙与塞尘。三春时有雁，万里少行人……'在唐朝开元时代的诗人，对安西玉门关一带情形比较熟悉，他们知道玉门关一带到春天几乎每天到日中要刮风起黄沙，直冲云霄的。但后来不知在何时，王之涣《凉州词》第一句便被改成'黄河远上白云间'。到如今，书店流行的唐诗选本，统沿用改过的句子。实际黄河和凉州及玉门关谈不上有什么关系，这样一改，便使这句诗与河西走廊的地理和物候两

131

不对头。"

其实,在古代别的诗词中还能找到佐证,像李白《扶风豪士歌》里便有"洛阳三月飞胡沙"之句。虽然句中"胡沙"有双关的意思,暗指安史之乱,但当年黄河以南开封、洛阳春天的风沙之大确是事实。河南都有风沙飞扬,何况边塞的玉门关!玉门关离黄河太远了,确实扯不上什么关系。竺可桢先生除从古气候学和物候学的角度进行了研究,更考证了唐诗的古本源头。可见先生学识之渊博,治学精神更感人至深。

"昔人已乘黄鹤去"吗

唐朝诗人崔颢有一首《黄鹤楼》,被推为七律之首,诗曰:

> 昔人已乘黄鹤去,此地空余黄鹤楼。
> 黄鹤一去不复返,白云千载空悠悠。
> 晴川历历汉阳树,芳草萋萋鹦鹉洲。
> 日暮乡关何处是?烟波江上使人愁。

这样美妙的诗句传诵千古,就连诗仙李白也为之搁笔叹息:"眼前有景道不得,崔颢题诗在上头。"

根据施蛰存先生和黄永武先生的考证,这首名诗的第一句就被抄错了。唐宋两代的诗集,包括敦煌的卷子,崔颢原诗的首句都是"昔人已乘白云去"。不料到了元代,居然有人抄成了"昔人已乘黄鹤去"。这一错,到了清代却以讹传讹,错得难以收拾。先是金圣叹误把"黄鹤"当真本，随后纪晓岚又据此修订，沈德潜作《唐诗别裁》便信了两位大才子的说法。后来，竟又被蘅塘退士《唐诗三百首》照抄。这样传下来的结果，"昔人"真的下了"白云"，改乘了"黄鹤"，成为唐诗著名的美丽误会。因为《唐诗三百首》一直受到广大读者的欢迎，流传之广，误会之深，便可想而知了。

离谱的"天生我材必有用"

诗仙李白多有咏酒的诗篇，极能表现他的个性。这类诗中，数长安放还以后所作的诗思想内容更为深沉，艺术表现更为成熟。《将进酒》即为其代表作：

君不见，黄河之水天上来，奔流到海不复回。

君不见，高堂明镜悲白发，朝如青丝暮成雪。

人生得意须尽欢，莫使金樽空对月。

天生我材必有用，千金散尽还复来。

烹羊宰牛且为乐，会须一饮三百杯。

岑夫子，丹丘生，将进酒，杯莫停。

与君歌一曲，请君为我侧耳听。

钟鼓馔玉不足贵，但愿长醉不复醒。

古来圣贤皆寂寞，惟有饮者留其名。

陈王昔时宴平乐，斗酒十千恣欢谑。

主人何为言少钱，径须沽取对君酌。

五花马，千金裘，呼儿将出换美酒，与尔同销万古愁。

　　《将进酒》原是汉乐府短箫铙歌的曲调，题目的意思是"劝酒歌"。李白这首名篇大约作于天宝十一载（752年），当时他与友人岑勋应邀到嵩山另一好友元丹丘的颍阳山居做客，三人常登高饮咏。人生快事莫若以酒会友，作者又正值"抱用世之才而不遇合"的时候，满腔不合时宜的牢骚在借酒兴诗，予以抒发。"天生我材必有用"这句名言为后世无数励志者所赞赏，还为现今高考作文和成功学教材所引用。

　　清代有人考查过古本诗集，发现这句诗居然有好几个版本："天生我材必有开""天生我身必有财"和"天生吾徒有俊材"。谁是谁非，版本文字的差异有些离谱！一直到近代，有学者在敦煌考察，居然在这里的唐人手抄诗卷里发现了这首诗的原始踪影，名叫《惜樽空》，其中这句诗原是"天生吾徒有俊才"，终于知道了这首诗在唐代的真实原样。

"夜雨闻铃肠断声"的"铃"何在

　　《长恨歌》是白居易诗作中脍炙人口的名篇，它同样遭了劫难。此作是叙事抒情的长诗，因限于篇幅，只好摘录几句：

汉皇重色思倾国，御宇多年求不得。

杨家有女初长成，养在深闺人未识。

天生丽质难自弃，一朝选在君王侧。

回眸一笑百媚生,六宫粉黛无颜色。

……

蜀江水碧蜀山青,圣主朝朝暮暮情。

行宫见月伤心色,夜雨闻铃肠断声。

……

在天愿作比翼鸟,在地愿为连理枝。

天长地久有时尽,此恨绵绵无绝期。

此诗作于元和元年十二月(807年1月),当时诗人正在盩厔县(今陕西周至)任县尉。一次他与友人陈鸿等人同游仙游寺,有感于唐明皇、杨贵妃爱情悲剧的传奇故事而创作了此首长诗。《长恨歌》是"歌长恨",其中有"行宫见月伤心色,夜雨闻铃肠断声"两句,描摹唐玄宗自马嵬坡事变逃到蜀地后,在孤寂中无限思念杨玉环的悲伤心境。因此,宋朝有人还特意在蜀地立了一块"唐明皇幸蜀闻铃处"的石碑。从此以后,元明清一路就这么"闻铃"过来。

历史证明,日本人自古就很喜欢唐诗,在唐代就特别钟爱白居易,他们曾抄录了大量白诗带回日本,流传下来好几个版本。学者们比对了日本收藏的唐抄本,才发现《长恨歌》里根本没有什么"闻铃",而是"夜雨闻猿肠断声"呀!"闻猿"还是"闻铃",究竟孰是孰非呢?

第四节　随世事变迁的谚语俗语

汉语中的某些词语,"名"与"义"由于世事变迁,变得名不副实,似是而非。例如谚语和俗语,许多是人们张口就可以说出来的,它们形象生动地表述着种种事理,但其中不少是误解,甚而至今仍以讹传讹,还不以为意。这种实例很多,说明汉语词汇有其继承性和发展性,且始终是客观存在的。我们可否还其本来面目,让读者重新认识它的本末原委?不妨试举数例,您一定会感叹:原来如此!能不问学吗?!

俗语"葫芦里卖的什么药"

《后汉书·费长房传》记载:"市中有老翁卖药,悬一壶于肆头。"元代诗人张昱有诗曰:"卖药不二价,悬壶无姓名。"在古代,称行医为"悬壶","悬壶济世"成为治病救人的代名词,也是古代医家追求的人生境界。因此后世读史,有人对"悬壶"一词有误解,以为"悬壶"是把水壶、茶壶、酒壶之类的"壶"挂在街面上。其实,古人说的"悬壶",挂出去的是"壶卢",是葫芦的别称,它又名蒲芦、匏瓜等。葫芦是一年生攀缘草本植物,夏秋开花,秋冬结果。果实因品种不同而形状多样。李时珍称京葫芦为蒲芦,中间有细颈,个体较小;匏瓜呈梨形,底端膨大。而葫芦细腰,上下两个圆球,造型古朴典雅,外形像个"吉"字。"壶"与"福"发音相似,因此药葫芦象征除病消灾、吉祥如意、福寿安康。

葫芦用途广泛,其嫩果、幼叶自古是菜蔬食品。外壳色白,有蜡质,质坚硬而轻虚,在塑料尚未发明的年代,先民用葫芦做瓢、碗、壶、勺、杯来使用。至今,葫芦仍是轻便的实用生活用具。

古人云:"唯是壶中物,忧来且自斟。"这说的是什么意思呢?其实就是葫芦里装的酒,忧时可以斟来消愁。当然,这里也可能装的是治病的药酒。

葫芦本是一味中药,味甘性寒,可入肺、脾、肾三经。其功效有四:一是利水消肿,可治肝硬化、腹水、黄疸、小便不利等症。二是清热解毒,被蛇虫咬伤时,可将葫芦叶藤捣汁敷患处,一日三四次。三是杀虫止痒,主治疥癣、脚癣、白秃疮等。四是除烦止泻,主治胃热、消渴、夜寐不宁等。

古代药界,常将熟透的葫芦晒干,将其挖空制成容器,盛药外卖。传说中的八仙之一铁拐李,腰间挂的那个大葫芦,里面装的就是中药。由此反映到生活中来,当我们无法了解对方情况时,总是说"不知葫芦里卖的什么药"。此一比喻非常生动,非常有趣味。

谦让挡客之言"不看金面看佛面"

"不看金面看佛面"是个比喻,意思是请看在第三者的情面上,帮助或宽恕某一个人。

这是一句古谚,原话是"不看僧面看佛面"。据《扪掌录》记载:参政赵阅道罢官闲居在家,拒不会客,每见僧,总是很恭敬地接待。有一次,一位读书人求见,门房拒不通报。那读书人很有意见,说:"参政便如此敬重和尚?"门房说:"也半是看佛面。"意思是说,敬重和尚是因为敬重佛的缘故。读书人对此非常不平,对曰:"为什么不看一点孔夫子的面子?"从此,便有了"不看僧面看佛面"这句谚语。

《古谣谚》一书记载:"不看僧面看佛面,今人多说不看金面看佛面。"这是后世讹传,将"僧"字讹成"金",此语便变得不合情理了。

"一推六二五"本是"一退六二五"

当今人们常说"一推六二五"这句惯用语,以表示推卸责任,或推脱任务,或推诿事由。就是把要办的事情,或者该担当的责任,一下子推得干干净净,对此就常用"一推六二五"这句话来比喻,来形容。但这个说法究竟是怎么回事?原来,它是珠算口诀"一退六二五"的变异。查《现代汉语词典》,有"一退六二五"这一词条:"本是一句珠算斤两法口诀,十六除一是 0.0625,借用作推卸干净的意思。'退'是'推'的谐音,有时就说成'推'"。

我国旧制重量单位的换算关系是:1 斤 = 16 两,1 两 = 0.0625 斤。在用算盘进行运算时,就有了"一退六二五"的口诀。当"退"变成了"推",意思就完全改变了,便有了"推卸""推诿"之意。

解读"情人眼里出西施"

西施,自古在中国人心目中是第一大美女。据说西施笑起来脸腮上会出现一对酒窝，呈现无限的魅力，其貌美妙绝伦于当时。而"情人眼里出西施"这句俗语，比喻男女之间的情深意切，以西施的美貌为参照，觉得对方无一处不美。例如《红楼梦》第七十九回里说，贾宝玉和香菱议论薛蟠娶亲之事，香菱说："一则是天缘，二则是'情人眼里出西施'。"由此表明，"情人眼里出西施"这句话很早就是口头俗语了。

《通俗编》(清翟灏撰)一书的"妇女"条释义说："情人眼里有西施，鄙语也。山谷取以为诗，其《答益公春思》云：'草茅多奇士，蓬荜有秀色；西施逐人眼，称心最为得。'"可见，"情人眼里有西施"，很早就是民间口头流传的俗语，即所谓"鄙语"。句中说"山谷取以为诗"，意思是说北宋诗人黄山谷(即黄庭坚)将此俗语引入诗中，他能从生活中汲取文学滋养，故写出了不少好诗。

这句俗语的说法，最初是"情人眼里有西施"，后来逐渐变成了今天的说法，把"有"字改成了"出"，显得更有激情。

历史上，通常都认为，西施在春秋时期被越王勾践作为政治交易的礼品，献给了吴王夫差。西施之美，最后背上了一个误国亡吴的骂名。因此历代吟咏西施的诗篇，都把亡吴的根由归于女色，就是说吴王夫差被西施迷惑而沉沦了，客观上为统治者开脱罪责。然而唐代诗人罗隐却吟出一首《西施》的独特小诗，反对这种传统观念，破除了"女人是祸水"的论调，闪射出新的思想光芒。不信请看：

家国兴亡自有时，吴人何苦怨西施。

西施若解倾吴国，越国亡来又是谁？

罗诗的观点是吴亡因为西施，而越亡又怨谁呢？说到底，西施误国是冤枉的。

古人戏说"吃虱留腿"

俗语说"吃个虱子留只腿"，很有趣，也很可笑。因为虱子实在太小太小，不用放大镜很难看清楚，居然吃虱子还要"留只腿"，意在嘲笑过分节俭或近于吝啬之人。此语出于宋玉《小言赋》，曰："烹虱胫，切虮肝。会九族而同哜，犹委余而不殚。"宋玉的这几句话很有意趣。意思是说，烹炒了虱子的小腿，切了虮（虱的卵）和肝等内脏，把九族的人（所有的家人和亲戚，极言人多）都请来同吃，还没有吃完。这样的比喻，不免有几分荒诞可笑！

《通俗编》一书说："俗诮（讥讽）细小者曰'吃虱留只大腿'，本此。今俗又谓'吃个虱子留只脚'，与《小言赋》意同。"

话得说回来，"吃个虱子留只脚"原有贬义，但在某种情境下，又生褒义。譬如欲关心别人时，用上这句话，意思就大不一样了。吃一只小小的虱子，也要"留只脚"给人家，何等地关怀，此乃"小中见大"的精神。

"打破砂锅问到底"道理何在

砂锅，自古是一种常用而重要的灶具，它是陶瓷锅，故易打破或烧裂。因此，"打破砂锅璺（wèn）到底"，是自古就挂在民众嘴边的一句俗语。"璺"即裂纹，它会一纹到底，是个自然现象。"璺"与"纹"谐音，后来干脆写成"打破砂锅纹到底"，再后来又被谐音讹传为"打破砂锅问到底"，用来表示遇事刨根问底，穷追不舍，似乎要以"打破砂锅"来下决心，非追出一个结果来不可。但，"打破砂锅"来"问"，道理何在？

"倒霉"本义"倒楣"

"倒霉"是现今人们常用的一个俗语，形容遇事不利，运气不佳。其实此说由来已久，古人说这一俗语最初指的是"倒楣"二字。据清人顾公燮考释，"倒楣"一词源于科举考试。他在《消夏闲记摘钞》中说："明季科举甚难，得取者门首竖旗杆一根，不中，则撤去，谓之'倒楣'。今吴俗讥事不成者为倒霉，想即本此。"

明人沈德符笔记《万历野获编》，内容丰富，上自朝廷典章制度，下至山川风物、俗语逸闻等，都有详细记载。其中有一条史料，可作顾公燮考证"倒霉"的旁证和补充。《万历野获编·科场·旗杆》是这样描述的：士子乡试会考中者，揭杆于门，上悬捷旗。此风处处皆然，沿以为例。殿试得鼎甲（即考取前三名，习惯呼作状元、榜眼、探花）者及选为庶常者，则又另立黄杆，另张黄旗，比乡试加数倍，高杆大旗，飘摇云汉，可谓"门楣增辉"矣。未中，反其意为"倒楣"。

可以想见，科举考试未中，撤倒门楣的旗杆，这只是一种不吉利的标志，其中更令人心痛难忍的是名落孙山，这对于一个应试的士子及其家人来说，是大不幸。难怪古往今来，凡遇不幸运的事就以"倒楣"形容之,且相沿成俗。今人将"倒楣"演变成"倒霉",一是已不理解历史本义;二是想象成谐音"霉",发霉变质,腐毁也,自然是个很不佳的字眼。

"吹牛"是给牛皮筏子吹气

自古黄河是一道天堑,只有靠渡船来沟通两岸。黄河上游一带,人们用牛皮、羊皮缝制成筏作渡河工具,往皮筏内吹气,使之在水上有浮力。过去没有打气筒,全靠人用嘴巴把皮筏吹起来。没有足够大的气力,光说大话是无法把皮筏吹得饱满的。所以对那些爱说大话的人,人们讥讽他说:"有本事就到河滩上吹牛皮筏子看一看!"后来,大家就把那些只会说大话的人比喻为"吹牛皮"。

语言是不断演变的,为了说着简便,"吹牛皮筏子"变成"吹牛皮","吹牛皮"又说成"吹牛"。

"鄙人"的"鄙"本为古之行政区划

旧时讲究礼节,人们常常自称"鄙人",这是谦虚之词,意思是俗人。现今偶尔还能听到这种谦虚言辞。但有时又能听到一种骂人的说法:"鄙子!"这是说人家"可鄙",似有"无赖""流氓"的意思。

"鄙"原本是古代的行政区划。周代时的乡村,每五百户为一"鄙",因此,"鄙"就有了"乡村""郊野""山寨"的意思。"鄙人"也很自然地指"山野之人"。《荀子·非相》中有言:"楚之孙叔敖,期思之鄙人也。"杨倞注曰:"鄙人,郊野之人也。"所以,凡以"鄙人"自称时,意思就是自谦粗俗浅陋之意。然而骂人"鄙子",无疑深含贬义,是一种歧视。

"无毒不丈夫"原说"无度"

"无毒不丈夫"的俗语,如今经常出现在电视连续剧的台词中,意思说大丈夫做事或处理问题要狠毒。这是千百年来因谐音而致的讹变,古人说的原话是"量小非君子,无度不丈夫"。其意是:气量小不是君子,没有度量不是大丈夫。一句话,不能做小气鬼。"度"与"毒"谐音,久而久之,演绎出了"无毒不丈夫"。这样演变的结果,完全背离了古人崇尚的价值观念,失去了它的正面教育意义。

"无奸不商"本在"尖"

俗语"无奸不商",是评论商家没有不奸坏的。其实,它是古人开粮行卖谷米的经营原则,即"无尖不商"的讹变。古时卖粮的量具是用升或斗,商人在每次销售时,都要把升和斗堆得尖尖的,尽量让利给顾客,以博得更多的回头客。这种经营之道,称为"无尖不商"。推而广之,昔日商界各行各业都以此规范自己,引以为荣。

如果真的是"奸",那意味着世上做生意的没有一个好人,这显然不符合历史事实。

"王八蛋"该是"忘八端"

"王八蛋"一词,一直是民间一句骂人的俗语。"王八"是"乌龟老鳖"的代称,加上一个"蛋",把他的祖宗也连带骂上了。实际上,古代这句话的本源是说"忘八端"。"八端"是指孝、悌、忠、信、礼、义、廉、耻。"端"者,本也,此八端就是倡导做人的根本,忘记了这八端,也就不配做人了。这句批评"忘八端"的话,后来却因谐音被讹成了"王八蛋",以此辱骂某些人,十分尖刻呀!

"嫁鸡随鸡,嫁狗随狗"本说"乞""叟"

"嫁鸡随鸡,嫁狗随狗"这句俗语,古时原本为"嫁乞随乞,嫁叟随叟",或"嫁稀随稀,嫁叟随叟"。其中,"乞"指乞丐,"稀"指少年,"叟"指老者,意思是说一个女人出嫁不知丈夫究竟是穷是富、是老是少,过门之后,不论丈夫怎么样,都要严守妇道。即使嫁给乞丐或是年岁大的老人,也要随他生活一辈子。这表明古代女子没有婚姻自由,婚姻是要听父母之命、媒妁之言的。这是一种宿命论的说法。随着时代的变迁,这一俗语因谐音而将"随乞""随叟"讹变成"随鸡""随狗"了,这当然是不可思议的事。似乎是说,即使嫁给了鸡狗,也要听凭命运的安排。

"三个臭皮匠,顶个诸葛亮"实指"裨将"

"三个臭皮匠,顶个诸葛亮"这句俗语中的"皮匠",实际上是"裨将"的谐音。"裨将"在古代是指"副将",无疑是说三个副将的智慧合起来能顶一个诸葛亮。千百年流传中，人们将"神将"讹说成了"皮匠"，但这句俗语表达了积极意义，就是集体智慧不可忽视。

"舍不得孩子套不住狼"原本说"鞋"

"舍不得孩子套不住狼"，是"舍不得鞋子套不住狼"的讹变。古人说的原意是要打到狼，就要不怕跑路，不怕磨破鞋子。不过这个还能理解，因为四川等地的方言管"鞋（xié）子"叫"孩（hái）子"。如果真的拿活生生的孩子去套狼，未免太恐怖啦！

现今说"舍不得孩子套不住狼"，比喻要达到某一目的必须付出代价。

第五节　汉字书写的"差错"问题

汉字书写差错似乎难免，然而平日机关单位行文、启事、布告、标语，甚或楹联、名人题字，乃至书法大家的书法作品，居然也会有差错。不过这些错字，有的是真错，有的则是故意写错的，各有各的故事。例如昔日名人题写匾额，故意增减笔画，故弄玄虚，并编出种种动人的说辞，以达到某种目的。这些文字不论是什么情况，凡不符合汉字规范者，都应是不折不扣的错字。因为这些错字会在公众场合宣扬，其不良影响可想而知。我们能不匡正其差错吗？

"避"成天下第一错字

河北承德的避暑山庄,正宫内午门中门上方的一块匾额,题有"避暑山庄"四个金光闪闪的大字。其中"避"字右边的"辛"字下部多写了一横。这个错字据说是清朝康熙皇帝御笔亲书,多写了一横。照说臣僚们会立马看出来的,但皇上金口玉言,写错了也是对的,谁敢提醒皇帝说他写错了?

古代皇帝有造字的特权,像武则天就任意造了一大批字,将国家的"国"字改写成"圀",你敢说这是错字?造出来的字不能为大众所公认,最终还是错字一个。康熙皇帝写的这个"避"字,也有人认为是出于避讳或其他原因而有意为之,无论如何,它都是个错字,被世人尊为"天下第一错字"!

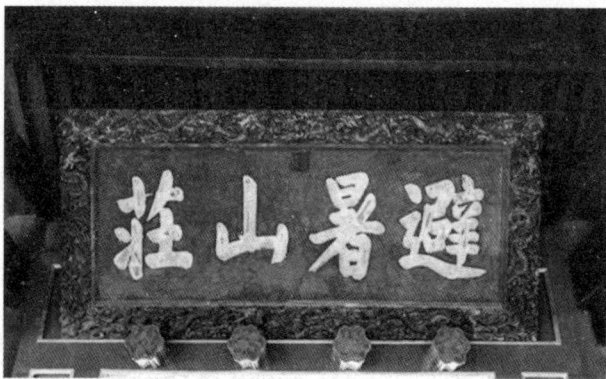

承德避暑山庄中门上的康熙题匾

"鱼"字错得有说法

杭州西湖著名景点之一"花港观鱼",有一块碑刻也是清朝康熙皇帝的御笔。碑上的繁体"鱼"字,下面本应为四点却被写成三点,少了一点。这里有一个传说,说是康熙有意错写,因为康熙信佛,有好生之德。写字时想到"鱼"字下面四点表示"火",鱼在火上烤,死定了,这是杀生呀!于是少写了一点,三点成"水",鱼就能成活并可在水中畅游了。"托词"是皇帝的幕僚们编出来的,尽管如此美妙,但人们心中还是认定其"错!错!错"!

西湖景点碑刻

"流"是很在理的错字

江苏扬州大明寺的平山堂,大堂左边挂的"风流宛在"匾额,

147

由清光绪初年两江总督刘坤一所题,四个字中就有两个是写错了的。"流"字上边少了一点,而"在"字右侧又多了一点。据说这两个错字,是刘坤一为追思曾在扬州主政的欧阳修有意而为的。原来,欧阳修在扬州时是个"风流太守",他常在平山堂大宴宾客,让美妓歌舞助乐,还进行"击鼓传花"的游戏,采花一枝,在鼓乐声中由宾客手手相传,鼓乐声突然停止时,花枝落在谁的手中,谁就饮酒一杯,吟诗一首。如此游乐经久不息。刘坤一将"流"字少写一点,"在"字又多写了一点,意在少一点风流,多一点实在,以此曲笔批评欧阳修当年行为的不端。这两个错字可以说是有意而为的,可谓错得恰到好处,反成一段佳话。

扬州大明寺平山堂匾额

"富"字错得有寓意

山东曲阜的孔府,大门的正上方挂有"圣府"字样的匾额,蓝

底金字,两侧配有一副楹联:

与国咸休安富尊荣公府第

同天并老文章道德圣人家

上联中的"富"字少了上面的一点,宝盖头成了平宝盖。下联中的"章"字写得十分不规范,下面的一竖直通到上面。据说这两个错字都是有意"错"成这样。因为它们各有寓意:"富"不出头,意思是孔家不宜过富,要"少一点";"文章通天"用在孔府大门上,非常得体,体现了孔府这个特殊门第的身份。据说,此后孔家每写"富"字,其上面都无点。这样的错字,不仅无人说错,而且游人明白后无不叫绝。

"草书"岂能随便草

草书的出现,是汉字书写的一大进步。为了写字省劲,汉字总是向简化的方向寻求效率。汉字草体,笔画省略且可相连,自然就能快捷书写,这是写字的实际需要。

汉字书写,从篆、隶到楷书,不同字体的架构和笔画,都有一定的章法,才能写出它们各自的特色。然而草书龙飞凤舞,看上去比较乱,甚至有的字草得非常乱,乱得失了原形。因此有人认为,草书很自由,不受约束,可以随意地挥洒。然而,字体都有一个匡正问题,草书也不例外。

草书简捷方便地写,是有规矩的"自由"体。草书线条活泼,变化多姿,最能表达书者情趣和意境。千百年来,草书名家辈出,名作繁多,为国人所喜爱和赞赏。如果草书没有规则,任意挥洒,到头来,谁还能认识草书? 也许你写的"草书",日后连你自己也认不得了。《冷斋夜话》里就写有一则题为《草书大王》的故事,文曰:

张丞相好草书而不工,当时流辈皆讥笑之,丞相自若也。一日得句,索笔疾书,满纸龙蛇飞动。使其侄录之。当波险处,侄罔然而止,执所书问曰:"此何字也?"丞相熟视久之,亦不自识,诟其侄曰:"汝胡不早问,致余忘之。"

《冷斋夜话》是北宋僧人惠洪的大作,共十卷,其内容主要论诗,亦杂记见闻。上面的这个故事是说,宋朝丞相张商英喜欢写草书,但写得并不好,就因为他不按规矩去写。当时的同流们都笑话他,而张丞相不以为意。有一天偶得佳句,急忙索取笔墨记录,写得满纸龙蛇飞动。随后要侄子抄录下来,当抄到笔画怪异的地方时,侄子迷惑不解,只好停笔拿着字纸去问:"这是什么字?"张丞相仔细看了许久,自己也不认识,便责骂侄子道:"你为何不早点来问,以至于我都忘记了。"这故事的用意很明显,就是警示人们习写草书时,必须讲究规则,否则连自己也会不认识。

草书是有规则可循的。唐朝书法家孙过庭著《书谱》一书,认为草书要"达其情性,形其哀乐",必须"运用尽于精熟,规矩暗于胸襟"。这是说,草书运笔时精熟自由,其实规矩是暗藏心中的。

南宋姜夔《续书谱》也说草书"虽复变化多端,而未尝乱其法度"。由此说来,草体习书者务必心存规矩,多多观赏和研习名家的草书作品,从中获得启发。唐代有所谓"张狂素"者,即以张旭、怀素为代表的草书大家;现代的林散之,也是公认的一代草圣。林散之的草书"以大王(王羲之)为宗,释怀素为体,王觉斯为友,董思白、祝希哲为宾",集众家之长,开草书之新境界。

创作草书的规则究竟是什么呢?东晋大书法家王羲之总结出的《草诀歌》,算是一个草法规矩的代表作。王羲之字逸少,曾任右军将军,故世称"王右军"。他的书法各体皆精,尤善行草,有"书圣"之美誉。毛泽东的行草书法,气势磅礴,据说他就是从练习王羲之草书开始的,终于自成一家。

《草诀歌》由王羲之亲手撰书,五字一句,把草书的窍门尽揽歌诀之中,是对草书规则的总结。九州出版社出版的《草诀歌》,草楷对照,加上张士甲释义,读者对王氏《草诀歌》就更易于领悟了。

第四章
善待成语、歇后语和方言

成语和歇后语都是汉语中的精华,言简意赅,美不胜收。它们是民众而不仅仅是文人,在世代生活中惯用的固定短语或短句,可谓优秀的"现成"语言,说话写文章可呼之即来。成语通常多为四字一句,也有不足四字或四字以上的,诸如"莫须有""坐山观虎斗"等。歇后语每句的字数也很有限,比较精练。它们字虽少但内容极为丰富,可以说是字字珠玑。成语和歇后语大多包含典故和人文故事,体现着中华民族的智慧,自成语境。它们有特定的含义,有固定的结构,其形成由于经历了漫长的文化旅程,从用字到读音都达到经典的程度。

成语、歇后语是千古智慧,经过千百年的磨砺,它们有着旺盛的生命力。这两种现成语的产生都有其语言的生态环境,尤其是成语,早在春秋时期,当时百家争鸣,思想家辈出,文化典籍层出不穷,大量的成语便孕育其中了。

然而,到了新世纪的今天,由于种种原因,成语被误读误用的有不少,尤其是某些商家,在广告中故意以谐音将成语改头换面,招揽生意。例如"骑乐无穷"(其乐无穷)的车辆广告语,"茶言观色"(察言观色)的茶楼广告语,"百衣百顺"(百依百顺)的熨斗广告语,"咳不容缓"(刻不容缓)的止咳广告语等等。这对于少年儿童以及不熟知成语的人们，势必贻害无穷。因此，我们呼吁善待成语等类现成语言，守护它们的固有光彩。

第一节　极具魅力的成语

成语是中国传统文化的一大特色，背后差不多都有生动的故事。它是现成的，可供人们直接选用。日常说话或者写文章，如果善于运用成语，且运用得当，势必会使所说的话语内涵丰富，多姿多彩，形象生动，言简意赅。

品鉴成语，可以含英咀华，溯本求源，从中解读人生。不妨欣赏几例，愿读者举一反三。

自相矛盾

矛、盾是古代的两件冷兵器。"矛"是进攻敌人的刺击武器，"盾"则是保护自己的盾牌。春秋战国时期的《韩非子·难一》中，载有一则著名的寓言，即成语"自相矛盾"的故事：

> 楚人有鬻盾与矛者，誉之曰："吾盾之坚，物莫能陷也。"又誉其矛曰："吾矛之利，于物无不陷也。"或曰："以子之矛，陷子之盾，何如？"其人弗能应也。

说有个楚国商贩，先是吆喝自己卖的盾，说坚固得任何武器都不能攻陷它；接着又夸他卖的矛，说用它攻击，没有什么东西击不破的。路人听了说："用你的矛攻你的盾,怎么样?"这个商人被问得无话应对了。可见,"自相矛盾"这则成语故事,比喻说话做事前后抵触,不能自圆其说,其寓意非常深刻。

刻舟求剑

成语"刻舟求剑"比喻办事机械刻板,拘泥而不知灵活变通。此语出自《吕氏春秋·察今》:

> 楚人有涉江者,其剑自舟中坠于水。遽契其舟,曰:"是吾剑之所从坠。"舟止,从其所契者入水求之。舟已行矣,而剑不行,求剑若此,不亦惑乎?

故事是说楚国有一个人乘船过江,不料他的剑从船边掉入江水中,他于是在失剑的位置将船舷刻了一个记号,说:"我的剑是从这儿坠落的。"船停后,他从刻记号的位置下船去找剑,殊不知船一直在行驶,而剑落入水中是不会走动的。像这样找剑,真令人不解,怎能找到? 从此,世人就引用"刻舟求剑"做比喻说明某些问题。《红楼梦》第120回中,用它做比喻说道:"似你这样寻根究底,便是刻舟求剑,胶柱鼓瑟了。"

闭门造车

"闭门造车"原指只要按照同一规格,关起门来造的车子也能合用。现在有所引申,用它比喻只凭主观办事,不管是否符合实际。宋代释道原的《景德传灯录》卷十三中说："问：'如何是闭门造车？'师曰：'南岳石桥。'"从此，此语为人惯用。严复就曾在《救亡决论》中引用："自以为闭门造车，出而合辙，而门外之辙与其所造之车果相合乎？"这里是说：自以为是地关起门来造车，认为一定合乎外面的行驶轨道。然而门外的轨道与他所造的车，果真适合吗？它是批评盲目行事的人。

异想天开

"异"，是奇异；"天开"，是比喻凭空的、根本没有的事情。"异想天开"形容想入非非，不切实际。清代李汝珍《镜花缘》第八十一回："陶秀春道：'这可谓异想天开了。'"

暗度陈仓

"暗度陈仓"比喻用一种假象迷惑对方，实际另有打算。刘邦从汉中出兵要攻打项羽的时候，大将军韩信故意明修栈道，迷惑对方，暗中绕道奔袭陈仓，取得了胜利。

东山再起

它是指隐退后再次出任要职，也比喻失势之后又重新得势。

东晋政治家谢安，出身士族，是个十分有才干的人。但他隐居东山，不愿意出山做官。有人曾举荐谢安做官，他干了不到一个月就不想干了。直至40多岁后，才又出山，担任要职。

泥古不化

"泥",指拘泥、固执。"泥古不化"这个成语的意思是说,拘泥于古代的陈规或古人的说法,而不知灵活变通。此成语出自《宋史·刘几传》,曰:"其议乐律最善,以为……儒者泥古,致详于形名度数间,而不知清浊轻重之用。"此"泥"不读 ní,应读 nì。

姚雪垠小说《李自成》第二卷第四十八章引用此典说:"故对近代军旅之事,亦深有研究,非一般徒卖弄《孙子兵法》、泥古不化者可比。"

入木三分

这句成语原本形容书法极有笔力,现多比喻分析问题很深刻。相传王羲之在木板上写字,木工刻字时,发现墨迹透入木板达三分深,可见写字用力之大!

韦编三绝

孔子晚年喜欢读《周易》,他花了很大的精力,把《周易》读了许多遍,又批注了许多内容,使穿连竹简的牛皮绳子都磨断了多次,简册不得不多次换上新绳子再使用。此成语比喻读书勤奋。

高山流水

"高山流水"这个成语是比喻知心、知己、知音,或乐曲高雅美妙,又作"流水高山"。此语出自《列子·汤问》的记载:"伯牙善鼓琴,钟子期善听。伯牙鼓琴,志在高山。钟子期曰:'善哉! 峨峨兮若泰山!'志在流水,钟子期曰:'善哉! 洋洋兮若江河!'伯牙所念,钟子期必得之。"

元代石子章《竹坞听琴》第一折引用此成语曰:"金炉焚宝烟,瑶琴鸣素弦,无非是流水高山调,和那堆风积雪篇。"

《红楼梦》第八十六回也引用此成语曰:"师旷鼓琴,能来风雷龙凤。孔圣人尚学琴于师襄,一操便知其为文王。高山流水,得遇知音。"

近水楼台

"近水楼台"是一句常用的成语,它源自宋代俞文豹的《清夜录》。该书有这样一段记载:"范文正公镇钱塘,兵官皆被荐,独巡检苏麟不见录,乃献诗云:'近水楼台先得月,向阳花木易为春。'公即荐之。"文中的范公,即大名鼎鼎的《岳阳楼记》的作者范仲淹。他61岁时被任命为杭州知州。到任不久,他就把周围的文武官员都提拔了,唯独有一位叫苏麟的巡检,职务没有变动。苏麟很着急,觉得自己没有得到提拔的主要原因是经常下基层,远离了范知州的视线。于是,他写了一首诗,当面送给了范仲淹。范公很纳闷:平白无故,为何给我送诗? 他打开诗稿一看,其中有这样两句:"近水楼台先得月,向阳花木易为春。"聪明的范仲淹立马就明白了缘由。离自己近的人,都得到了提拔,自己没有看见的人,却被疏漏了,这实在有失公允。于是,范公马上把苏麟提拔到一个重要岗位上。

说句实话,苏麟献诗,不是明显伸手要官的做法吗?花钱买官不好,伸手讨官要官也不好。脑子里老想着升官发财的人,能为百姓办好事吗?再说范公搞全面提拔,把周围的人员都提上来了,哪有那么多的岗位?被提拔的人都胜任吗?这桩公务似乎有些不靠谱。

然而就事论事,话又得说回来,苏麟的这两句诗写得确实颇有意境,遗憾的是其全诗不知在何处,难以查考。他的这个"残句",为中华文化宝库增加了一个美好的成语。

指鹿为马

指着鹿,硬说是马。比喻故意颠倒黑白,混淆是非。语出《史记·秦始皇本纪》:"赵高欲为乱,恐群臣不听,乃先设验,持鹿献于二世,曰:'马也。'二世笑曰:'丞相误邪?谓鹿为马。'问左右,左右或默,或言马以阿顺赵高。或言鹿,高因阴中诸言鹿者以法。"这个历史故事很沉重,赵高想作乱,为检验自己权力的威慑力和话语的权威性,故意指鹿为马,凡实说是鹿的大臣,都没有好下场。这表明秦二世胡亥执政时世道之黑暗。

类似的成语是数不胜数的,真是语言文字中的富矿,取之不尽,用之不绝。

胯下之辱

"胯下之辱"这一成语典故,说的是韩信年轻时的故事。韩信自幼家贫,没有背景不能做官,又不会做生意赚钱,因此乡亲都看不起他。有一天,韩信在集市上遇到淮阴城来的一个无赖,无赖见他个头高还佩着剑,便挑衅说:"你这人看起来很勇敢,要是真勇敢,就拔剑把我杀了。你要是不敢杀我,就得从我的胯下爬过去!"这种挑衅对韩信确是个大难题,如果杀了这无赖就会成通缉犯,再无法实现自己远大的抱负。韩信想到"小不忍则乱大谋"的古训,便盯着那个无赖看了好久,然后低身趴下,从无赖的胯下爬了过去。由此满街市的人都笑话韩信胆小怕事。从此,后人就以这"胯下之辱"的成语来表达"困境中所受的屈辱"。

对于这种"胯下之辱",西汉的史官司马迁的体会是最深切不过的了。汉武帝天汉二年(前99),一场飞来横祸给司马迁内心留下了难忘的伤痛。这一年,名将李广的孙子李陵率区区五千人马,配合汉武帝宠爱的李夫人的哥哥、贰师将军李广利讨伐匈奴。在居延一线,李陵部遭遇匈奴八万主力军,血战八昼夜,在"矢尽道穷,救兵不至"的境况下,兵败投降。

李陵投降的消息传至长安,汉武帝大怒。满朝文武前几天还在称赞李陵,今天察言观色、见风使舵,又纷纷指责起李陵来。司马迁痛恨这些趋炎附势的人,当汉武帝询问他对李陵投降一事的看法时,他分析了敌我双方的实情,根据李陵平时的为人,认为李陵投降可能是权宜之计,很可能在以后时机适当时报答朝廷,言语之间不无对贰师将军李广利未能尽职的旁敲侧击。司马迁的直言触怒了汉武帝,皇上认为他在为李陵辩护,讽刺李广利无能,也就是讽刺自己用人不当,因此,以"诬上"的罪名将司马迁下狱。案件落到了臭名昭著的酷吏杜周手中,司马迁被判死刑。按汉朝律令,死刑可用钱自赎,无钱可以宫刑替代。司马迁家贫无钱自赎,加上亲朋友人纷纷与之划清界限而不救,怎么办?司马迁想到《史记》没有写完,他不能死,无奈只得自请宫刑。第二年,司马迁只能接受了令人耻辱的"腐刑"。

司马迁心灵深受创伤,他痛心疾首地说:"没有什么耻辱比遭受宫刑更严重的了。"又说:"看一个人对受辱采取什么态度,就可以判断他是否勇敢。"这就是说,真正的勇敢不是因为某件事壮烈地死去,而是因为某件事"卑贱"地活着。这鲜明地表达了司马迁的生死观。

著名历史学家王立群教授对此点评说:"古今成大事者,需审时度势,不计较一时一地的输赢,需要具备忍辱含垢的精神,需要忍受常人所不能忍受的屈辱。韩信虽然忍受了胯下之辱,但在后人眼中依然是'胆力绝众,才略过人'的枭雄,是真正的勇士。支撑司马迁活下来的是他的史官家族的责任,是完成他父亲司马谈遗愿的孝心,是他成就一家之言的内在动力。韩信忍胯下之辱,司马迁忍辱含垢,这都是忍辱负重式的勇敢。"

结合王立群老师的点评,再读韩信、司马迁的勇敢行为,我们能进一步懂得"勇敢"的真正内涵:单凭气力的勇敢是一种"蛮勇",为了大业的长远目标,忍辱负重式的勇敢,才是一种"智勇"。

之乎者也

北宋名僧文莹撰《湘山野录》一书,其中记载:宋朝开国皇帝赵匡胤登基后,准备拓展京都外城。他来到朱雀门前视察,抬头看见门额上写着"朱雀之门"四个大字,觉得很别扭,就问身旁的大臣赵普:"为何不写'朱雀门'三个字,多一个'之'字有啥用?"

赵普答道:"这是把'之'字作为语助词使用的。"

赵匡胤听后,大笑说:"'之''乎''者''也'这些都是虚字,能助得了什么啊!"

后来,民间便流行一句谚语:"之乎者也矣焉哉,用得成章好秀才!"从此,"之乎者也"这四个文言虚词,也就连在一起组成了一个新词,以此讽刺人家故作斯文,说话喜欢咬文嚼字。此成语亦作"之乎也者"。

第二节　误读错用的成语

成语在漫长的历史演化过程中,人们难免对其望文生义,结果使一些成语大大背离了原始意义,甚至驴唇不对马嘴。久而久之,以讹传讹,弄得一些语言面目全非。诸如"美轮美奂""振聋发聩""饮食男女""奉为圭臬""首鼠两端""望其项背"等成语,今人因误解而将它们错用。姑且再挑几个误读的"成语",以飨读者。

七月流火

"七月流火"这句成语里有个"火"字,后人便望文生义,硬说成"盛夏时节,天上下火"。如此理解,适得其反。其语出自《诗经·国风·豳风》,曰:"七月流火,九月授衣。"原本指"天气转凉"。"七月"指夏历七月；"流"指流失、移动、下落；"火"指星名"大火星"，古代就很著名，它能放出火红色的光亮，每年夏历五月，位于正南方，位置最高，到了七月黄昏，其位置由中天逐渐西降，由此"知暑渐退而秋将至"。古人把这种天象称作"七月流火"。可见，"七月流火"的真实意思是说在夏历七月，每当黄昏时，可以看到大火星从西边落下去，这就意味着天气逐渐转凉。

目无全牛

全牛是整个一头牛，"目无全牛"当然指眼中没有完整的牛，只有牛的筋骨结构。这个概念本是形容技艺达到了得心应手、极度纯熟的境界。语本出自《庄子·养生主》："始臣之解牛之时，所见无非牛者；三年之后，未尝见全牛也。"然而这个成语往往容易被误用为缺乏整体观念。

空穴来风

"空穴来风"本指传闻有其一定的根据。然而，长期以来，"空穴来风"多被用来比喻消息和传闻"毫无根据"，词义的演变导致用法的改变。现在这个成语既可用以形容有根据，也可用以形容没有根据。

此成语源自战国时期文学家宋玉的《风赋》："臣闻于师，枳句来巢，空穴来风。""穴"，是孔洞的意思；"来"，表示招致。有了孔洞才能招进风来。空穴是招风的条件，既有风来，必有空穴。所以其原本的含义是说消息或传闻是有原因的。

明日黄花

"明日黄花"这句成语源自苏东坡《九日次韵王巩》诗："相逢不用忙归去,明日黄花蝶也愁。""黄花",就是菊花,原指重阳节过后逐渐凋萎的菊花。这里的"明日"显然是指过去了的时光。所以使用"明日黄花"这个成语,就是比喻过时的事物或信息。

可是,有人以为,"明日"属于"未来时",既然明日还未到来,怎么是过去时?于是有人想当然地篡改成"昨日黄花",这样便弄巧成拙。如果知其出处,并理解其原意的话,兴许不会犯这种错误。

床笫之私

这个成语来自《左传·襄公二十七年》："床笫之言不逾阈(yù)。""笫",读音为zǐ,是垫在床上的竹席。在这里,"床笫"就是床铺,引申为夫妻间的私房话。因此,"床笫之言不逾阈"的意思,自然就是夫妻间私下所说的话语不宜逾越界限而外泄。可见,"床笫之私"乃此意的一种概括。

床笫的"笫"字,形体极像序数或门第的"第",所以是一个极容易迷惑人的"马甲",稍不留意就会误读成"床第"。一旦误成"床第之私",那就什么也解释不通了。

不孚众望

成语"不孚众望"源自《诗经·大雅·下武》："永言配命,成

166

王之孚。""孚"（fú），信用、信服的意思。由此引申出"不孚众望"，即不能使大家信服，未符合众人的期望。可是，在很多情况下，都将"不孚众望"误成"不负众望"。两者虽一字之差，其语义迥然不同。因为"不负众望"的意思是"不辜负大家的期望"。这两个成语绝不能混用。

不过，"深孚众望"与"不负重望"的意思差不多，只是"深孚众望"在程度上更深厚一些。所以运用这些成语时，切不可大而化之。

百身莫赎

"百身"是自身死一百次的意思，"赎"是抵换或赎买之意。故"百身莫赎"即为使用自己的性命一百条，或曰死一百次，也无法将他赎回来，表示对死者的看重和沉痛悼念。

此成语亦作"百身何赎"。语本出自《诗经·秦风·黄鸟》："如可赎兮，人百其身。"南朝梁刘令娴《祭夫徐敬业文》："一见无期，百身何赎。"现今常将此成语误用来表示死一百个人也无法换回死者。

差强人意

"差（chā）"字在此的意思，是尚、略，"强"表示振奋。故"差强人意"原指还算能振奋人心，后来又多指大体上尚能使人满意。语出《后汉书·吴汉传》："（刘秀）乃叹曰：'吴公（吴汉）差强人意，隐若一敌国矣。'"清代吴趼人《二十年目睹之怪现状》第七十六回:"我得了这一封信,似乎还差强人意。"然而现今常被误用为"很不能令人满意"。

炙手可热

从字面上说,"炙手可热"是手摸上去感到热得烫人。本意比喻气焰盛,权势大,使人不敢接近。语出唐代杜甫《丽人行》诗:"炙手可热势绝伦,慎莫近前丞相嗔。"清代陈忱《水浒后传》第一回:"炙手可热握大权,侍郎充犬吠篱边。"这个成语现常被误用来形容很"吃香"的事物,或是一上手就走俏。这显然背离了本义,与原意完全不是一码事。

不足为训

这里的"足"是够得上,"训"是法则、典范。"不足为训"就是够不上作为法则和典范。《孽海花》第四回引用了这一成语:"孝琪的行为,虽然不足为训,然听他的议论思想,也有独到处。"可是这个词现在被误用来表达"不值得教训某人"的意思。

鬼斧神工

"鬼斧神工"原是形容建筑、雕塑等技艺精巧,像是鬼神制作出来的,而不是人力所能达到的。现今常被用来形容自然界的景物。

首鼠两端

"首鼠"指鼠性多疑，出洞时一进一退，不能自决；"两端"形容瞻前顾后。"首鼠两端"这一成语亦作"首施两端"，意思是犹豫不决，拿不定主意。语出《史记·魏其武安侯列传》："武安已罢朝，出止车门，召韩御史大夫（韩安国）载，怒曰：'与长孺（安国字）共一老秃翁，何为首鼠两端？'"现今常被误用来形容一个人言行不一。

望其项背

"望其项背"表示赶得上或比得上，然而常被误用为表示"赶不上，只能望见其后背和脑勺"。

首当其冲

"当"为承当、承受；"冲"为要冲、交通要道，所以"首当其冲"比喻最先遭遇对方的攻击，亦指首先遭受灾难。语本《汉书·五行志下之上》："郑当其冲，不能修德。"巴金小说《家》二十二章里引用了这一成语："最初是四太太的父亲王老太爷派人来接她回去，说外面谣言很多，今天晚上恐怕会发生抢劫的事情，高家是北门一带的首富，不免要首当其冲，所以还是早早避开的好。"

此成语常被错用为冲锋在前。

奉为圭臬

"圭"指圭表,是我国古代天文仪器,即置于石座上测日影长短的标尺。"臬"指射箭的靶子。"圭臬"比喻事物的准则。"奉为圭臬"就是把某些事物、言论当作唯一的准则或法度。鲁迅《坟·人之历史》引用说"适应之说,迄今学人犹奉为圭臬"。现今它常被人误用来表示将某人奉为某领域的创始人或先行者。

万人空巷

"万人"形容人多,"空巷"指街巷里的人都走空了。成语"万人空巷"是形容某事轰动一时,或形容庆祝、欢迎时的盛况,街上人山人海。语出宋代苏轼《八月十七复登望海楼》诗:"赖有明朝看潮在,万人空巷斗新妆。"清代吴趼人《二十年目睹之怪现状》第七十八回:"此时路旁看的,几乎万人空巷,大马路虽宽,却也几乎有人满之患。"而现在常反其本意,被误用来表示街上空无一人。

久假不归

"假"是借的意思,"归"是归还的意思。"久假不归"即表示借人家东西长期不归还。语本《孟子·尽心上》:"久假而不归,恶知其非有也。"现在常被误用来表示长期请假不回来工作。这是用现代汉语的认知读古汉语造成的。

一言九鼎

"九鼎"为我国古代国家瑰宝,相传为夏禹所铸,象征天下九州之权威。"一言九鼎"表示一句话能抵得九鼎之重,比喻言辞极有分量,能起很大的作用。语本《史记·平原君虞卿列传》:"平原君已定从而归,归至于赵,曰:'……毛先生一至楚,而使赵重于九鼎大吕。毛先生以三寸之舌,疆于百万之师。胜不敢复相士。'遂以为上客。"陈毅元帅《记遗言》诗:"碧血长江流不尽,一言九鼎重千秋。"

这个成语也常被误用,表示守信用,显然不合原意。

第三节　歇后语的应有认知

歇后语,是隐语的"歇后体"。"歇后"一词,最早见于《旧唐书》。歇后语的形式也脱胎于该书所载的"郑五歇后体"小诗。歇后语是广泛流传于民众口头上的一种特色语言,有游戏性质,有逗人好笑的趣味。例如讥讽人家"无耻",则说"孝悌忠信礼义廉",故意把"八端"(固定成语,本应不能缺字)中的"耻"字歇着不说,让人想到"无耻"而不明说。所以,运用歇后语时,通常就把前一部分单独说出,后一部分则让听者自己发挥想象,去思索、品味、判断,自己去找话中的话,去寻弦外之音。后来,这种隐语歇后体的那后一部分也说出来,只是在前后两短语中间有个停歇,即把一个成语的意思分成前后两个部分来说,前一部分是个比喻或隐喻,是个"引子",描述的是现实生活,或自然现象,或历史事件,或人文故事,或离奇的想象;后一部分则是从前面一部分引申而出的对其意义的解释。当用文字记录时,两部分之间就以破折号相连,表示前后两部分之间的内在联系和语气上的停歇。例如:

孝悌忠信礼义廉——无耻

歇后语的这种独特形式,固定为一种语言体裁。有些经典歇后语,一旦被文坛与民众公认,便不宜随便更改。

歇后语的独特性

歇后语的文句精练,它的独特性与格言、警语相比,特别明显。歇后语比较朴实形象,听后容易使人产生联想。真意即使不明说,别人也一听便知。例如用于批评那些又长又空的坏文章的言辞,格言有"一桶洗锅水,不如半碗鸡汤",警语有"下笔千言,离题万里",歇后语则有"懒婆娘的裹脚布——又臭又长"。可见,格言、警语都是直陈其意,不留余地,清清楚楚。而歇后语的真意虽然也很明白,但其真意并不立马明说,必须经过一番思索方可得知。在批评坏文章长而空的缺点时,格言、警语、歇后语各显神通,都能击中要害,说到点子上。唯歇后语更显独特,生活气息浓,乡土味重,生动而幽默。

早期的歇后语原是一种成语(广义的)的省略,很受此限制,欲读懂它必须熟悉成语。陈望道先生曾在《修辞学发凡》"藏词"格中论及了这种歇后语的两种情形。一种是省去成语的前部分，即为"歇前"，例如用"倚伏"代"祸福"，"居诸"代"日月"：

鬼神只阚高明里，倚伏不干栖隐家。　（徐夤《招隐诗》）

岂不旦夕念，为尔惜居诸。　（韩愈《符读书城南》）

例中"倚伏"出自《老子·五十章》的"祸兮福所倚，福兮祸所伏"；"居诸"出自《诗经·柏舟》的"日居月诸，胡迭而微"。

另一种是省去成语的后部分，这是名副其实的"歇后"，例如用"周余"代"黎民"，"友于"代"兄弟"：

慄慄周余，竟沉沦于涂炭。　（《晋书》）

一欣侍温颜，再喜见友于。　（陶渊明《庚子岁从都还》）

例中"周余"出自《诗经·大雅·云汉》的"周余黎民"；"友于"出自《尚书·周书·君陈》。上述两种"成语省略"，后来统称为"歇后语"。

这种歇后语，它省略的部分有一个音节的，也有两个音节的，大抵要以所需的词来决定。上面所引的例句，就是省略两个音节的。省略一个音节的例子，如：

青梅竹——马　　　下马威——风

牛头马——面　　　平地一声——雷

歇后语不论省略的是几个音节，有一些是兼带谐音的，例如：

猪头三——牲(谐音"生")

这类歇后语有一弱点，即碰到相近的成语或词组，往往不能准确地找出其"歇后"部分。宋代叶少蕴早已注意到了这一弊病，他在《石林诗话》中批评苏东坡的诗时曾指出：

余数见交游道鲁直语意不可解。苏子瞻有"买牛但自捐三尺，射鼠何劳挽六钧"，亦同此病。"六钧"可去"弓"字，"三尺"不可去"剑"字，此理甚易知也。

这是因为"三尺"不专用于"三尺剑"，还有"三尺律""三尺喙"等等，只说"三尺"，未必指的就是"剑"，也可能是"律"或"喙"。这就指出了早期歇后语的不足之处。

现代作品中，使用早期歇后语的比较少见，典型的用例，如鲁迅先生的《呐喊·阿 Q 正传》：

谁知道他将到"而立"之年，竟被小尼姑害得飘飘然了。

又如《华盖集·导师》中也引用了"而立"这一歇后语。例中"而立"是成语"三十而立"的省略。它出自《论语·为政》，原是孔子说自己到了三十岁在学问上有所自立，后来就将"而立"作为"三十"岁的代称，变成歇后语。

现今普遍公认的经典歇后语，前半句引用的比喻，都是人们很熟悉的，不说后半句的解释，一听就能理解是怎么回事。例如：

竹篮打水——一场空

兔子尾巴——长不了

灶王爷上天——有一句说一句

芝麻开花——节节高

快刀切豆腐——两面光

高山滚鼓——不通不通又不通

肉包子打狗——有去无回

秋后的蚂蚱——蹦跶不了几天

灯草做栏杆——靠不住

粪坑里的石头——又臭又硬

石板上摔乌龟——硬碰硬

没嘴的葫芦——倒不出来也装不进去

狗逮耗子——多管闲事

猪八戒偷吃人参果——不知啥滋味

千里送鹅毛——礼轻情义重

挂羊头卖狗肉——弄虚作假

扛竹竿子进城门——直来直去

周瑜打黄盖——一个愿打,一个愿挨

狗撵鸭子——呱呱叫

大水冲了龙王庙——自家人不认识自家人

认真对待歇后语

有些歇后语还有几种形式:一种是前半截的比喻,在后半截就有几种解答。例如"孙悟空钻进铁扇公主的肚子里"有"心腹之患"和"在里头踢蹬"两种解答,应用时只能用一种解答。还有一种,不同的前半截比喻,却是同一个解答。例如"楚庄王猜谜"和"齐威王猜谜"的解答都是"一鸣惊人"。

由此可见,要想表达一定的意思,歇后语一般不能"歇后"。不过,口头上说歇后语通常都只说前半部分,这是歇后语"歇后"的根本原因。所以说,运用歇后语不可随便。用得恰到好处,会增加感染力,为广大读者喜闻乐见。但也不能因为它有趣味,便一味滥用,用多了,势必会使说的话或写出的文句失于油滑。还有一个问题是选择要得当,因为歇后语数不胜数,那些粗糙不雅的、迷信无知的,肯定是不宜使用的。

第四节　方言问题值得研究

方言,又叫"土话""俗语",或者叫"乡音"。方言是汉语中的

"土特产"，一方水土养一方人，一方人说一方的方言。一地一乡风，独具各自的特色，一听"方言"就知道言者是哪里人氏。比如江西人开口会尊称对方为"老表"，四川人开口会说"啥子哟"，上海人开口总会说"阿拉""侬"什么的。在人们的观念中，乡音是故乡的烙印，它是绝大多数中国人生下来最先习得的语言，是由母亲一句句教会的语言，是祖先一代代流传下来的声音，所以对它有深厚的感情。所谓"少小离家老大回，乡音无改鬓毛衰"，是说到了头发都白了的老年时，乡音依旧。这就是方言的力量。方言告知我们"从何处而来"，这是地域文化的一部分。

方言的局限性

方言有其局限性，其特有的某些语音、词汇，往往"俗"到只能为一地一时的人们所理解。譬如广东这方热土上的人们，说话的方式及腔调就与众不同，因此有人评论广东方言，说："天不怕，地不怕，就怕广东人说官话。"广东方言确实令外地人害怕，这是外地人到广东地界的一个共同感受。

广东方言又叫粤语，世人称其为"天下第一方言"。所谓"第一"者，恐怕就是说第一难懂。改革开放之初，有朋友自广州出差回来，他说了自己的头一个遭遇：当他下过街天桥，有路牌显示"落"字，图示画着一个往下的箭头，便以为此地常有"空中坠物"，抬头却是一片天空，令他莫名其妙，不知所以。询问朋友方知"落"即"下"；公共汽车也是从后门"落"车。这别开生面的"落"字，便是广州方言中的一个独特字眼。

广东人用方言说话自然而顺畅,而外省人刚接触这样的方言还真不知所云。现在试举几例,诸位可从中领略一下南方风情。

甲:新年好!喺唔喺屋企啊?等阵过你度同你拜年。(新年好!在家吗?等一下过你家里给你拜年。)

乙:咁啱嘅!我都正想过你度喔!(这么巧的!我也正想过你那儿。)

句中的"等阵"是由"等一阵"简化而来的,表示过一段不长的时间。"度"表示某个地点,它的前面可搭配不同的字,如"你度(你那儿)","我度""呢度"(这儿),"边度(哪儿)"。

甲:赵翁,恭喜发财!猪笼入水,横财就手,一年好景过一体。

乙:哈哈,大家噉话,最紧要心想事成!

句中"猪笼入水"比喻像水(粤语中"水"为财)装进猪笼子一样,不断流入,财源滚滚。"好景"即好光景。"大家噉话"就是大家都一样。

书面的方言如此,口头上的方言就可想象其"可怕"的程度了。由于词不达意,在说者与听者之间,往往差之毫厘,谬之千里。很多方言,没法在普通话中找到对应的表达。其他各地的方言各有特色,难懂的程度虽有不同,但都有其难,自然成为人际交往、信息交流的障碍。

方言有传承文化的重任

中华传统文化中有丰富多彩的地域文化,它体现了中国文化的伟大生命力。而方言又是地域文化的重要内容,我们常讲中国文化博大精深,可到底博在什么地方? 大在什么地方? 深在什么地方呢? 其中一个方面就体现在地域文化上。任何一种语言都不单单是文字和语音的问题,它必然包含了各个族群的历史、传统、文化。所以说,中华文化不仅仅流传在人们的口头语上,很大程度上也记录在大量的古籍中,刻画在文学艺术的名著中,而其中无不闪烁着方言的光彩。

在文学作品中,方言土语会带来浓郁的乡土气息,尤其是反映农村社会生活的文艺作品,更不宜避开它不用。例如《红楼梦》中就隐含着大量的秦晋地区方言,尤其是张家口、大同等地方言土语,前八十回中就有 400 多个。例如舅娘、日阳、门划子、高桌、客撞、跳塌、穿堂、风领子、里外发烧等等,仅在第十九回,便有 19 个,如展眼、设或、越性、掏澄、说嘴、搬配、大不过等等。

又如梁斌的《红旗谱》《播火记》,邓友梅的《那五》,冯骥才的《三寸金莲》等作品,都用了方言土语。贾平凹的作品,更是在方言土语利用上下了大功夫。凡此读起来都津津有味,并形成了作家的独特风格。

唐诗是中华文化的精粹,但有许多诗句似是失韵,如果用上方言的腔调读某些唐诗,居然句句都合韵了,这就是方言入诗的缘故。用山西方言读白居易等山西诗人的诗,韵味也大为增加。胡适先生曾说:"今日的国语文学,在多少年前都不过是方言的文学。正因为当时的人肯用方言作文学,敢用方言作文学,所以一千多年中积下了不少的活文学。"可以说,方言是文学作品的"盐",没有了方言,文学作品肯定会寡淡无味的。

中国各种地方戏曲,都是以各地方言为基础的。比如,沪剧主要以上海话为基调,越剧以浙江嵊县方言为基调,绍剧主要讲绍兴话,甬剧主要讲宁波话,黄梅戏主要讲安庆话。这些戏曲各具特色,异彩纷呈,就因为它们是以方言为基础,反映了本地区的人情世故和风俗。它们在同一个方言区里演出,男女老少都听得津津有味。

至于现代影视剧里的角色语言,该不该说方言,争论不一。赞成者认为,影视剧方言版一直很受欢迎。20 世纪 60 年代珠江电影制片厂的《七十二家房客》的粤语版,就一举获得成功;1990年央视春节晚会上,小品《超生游击队》受到好评后,舞台荧屏上的方言戏与日俱增。《大宅门》《山城棒棒军》《外来媳妇本地郎》等多种方言版的影视剧上市、热播,带给观众的是幽默、诙谐、轻松和喜悦。特别是那些大型历史影视剧中的领袖人物,其方言增加了真实感和亲切感。长篇电视连续剧《红日》,再现了我军高级将领陈毅、粟裕等历史名人的形象。陈毅、粟裕说着各自的家乡土语,吸引并愉悦着观众。

方言是乡音。乡音就是故土,就是亲人情怀的体现,让人难以割舍。年轻人要追寻他们的文化根源、加深文化认同,就必须学习祖辈的方言。

为方言争取一定的存在空间

2001 年,联合国教科文组织通过一则《世界文化多样性宣言》,宣言明白地写道:

> 每个人都应当能够用其选择的语言,特别是用自己的母语来表达自己的思想,进行创作和传播自己的作品。

这个宣言的基本精神在于保护语言多样性。重视研究方言,或在一定条件下相对保护方言,对继承优秀传统文化还是有意义的,保护语言多样性,也就是保护地域文化的多样性。

其实,对于方言的保护,全国各地都有成功的案例。上海、浙江的部分小学甚至幼儿园,早在多年前就开设了方言课程。2016年 4 月,全国首档大型方言综艺秀《多彩中国话》,也取得了很好的社会效果,影响不小。据了解,北京已计划通过校内课程和校园文化活动来保护和传承北京话。

重庆市永川区有个名叫松溉的古镇,如今正式保留其古名的方言乡音,更是一个成功的案例。松溉地处长江要冲,因境内有松子山和溉水而得名。千年以来,松溉人都习惯以方言古音来称呼自己的家乡。然而有一天,松溉人发现他们世代居住的这个地方,不叫松溉(jì)了,因为新的字典上"溉"只有一个读音 gài。为了保留家乡的古称,松溉人"计较"了 13 年。2005 年,为尊重民意,重庆市人民政府专门发了一档批复,同意在"松溉"这个地名中,"溉"字念 jì。一个"溉"字的读音见证了古镇人执拗的乡情,也成了他们世代守护的方言乡音和乡愁。

北京语言大学中国语言资源保护研究中心副研究员王莉宁博士曾表达他们对方言保护的关注。在她看来,更重要的还是转变民众对自己语言的态度。"大家往往认为说土语的都是最底层、境况最不好的人。应该让老百姓觉得自己的语言很美好。我们保护方言、民族语言不是保留符号系统,而是维系文化、人情。"

推广普通话并不是要消灭方言,而是倡导人们掌握双语,就是在会说方言的基础上,还要会说民族共同语——普通话。周恩来总理生前非常重视普通话的推广工作,但也十分关注方言的适当守护,对此有很具体的指示。

总之,推广普通话的总要求是,在正式的场合和公共交际的场合讲普通话,并不排除在非正式场合讲方言。方言虽为一方之言,但它并不是低级的、落后的语言。方言不存在丑陋的问题,语言没有优劣之分,只有使用场合的不同。如果我们能同时熟练运用普通话和方言,那岂不更好?所以说,对方言土语要一分为二地看,只要用得恰到好处,还是可以利用的。但我们必须看到,随着全国城镇化的推进,农村人口大量进入城镇,农村的方言也就少了生存空间,而城市的方言随着大量人口的流动而被稀释,方言生存的空间被压缩。方言在当前能否得到及时有效的守护,既取决于国家的语言政策,也取决于大众的语言自信与自觉。

第五章

匡正需要『字书』

汉字从产生、发展到定型，是一个渐变的历史过程。尤其是春秋时代以后，"文字异形"的现象变得纷繁复杂。直到秦统一并实行"书同文"，文字实现了一次空前的大统一，小篆成为汉字定型的系统。古代字书是汉字变革的见证。

秦代汉字整理的重大成绩，是《仓颉篇》《爰历篇》和《博学篇》等字书的编纂。秦丞相李斯作《仓颉》七章，中车府令赵高作《爰历》六章，太史令胡毋敬作《博学》七章。这些书都是为配合"书同文"而编写的童蒙识字课本，也是以秦篆为正体统一异体的范本。它们上承《史籀》，下启《急就》诸篇，开了"字书"的先河。此后出现的许多字书，林林总总，都从不同的角度起着匡文正字的作用，对促进汉字规范化、走向成熟功不可没。

当今，人们使用汉字，仍然需要历代传承下来的各种字书，尤其需要不同的字典和词典供随时查阅参照。

第一节 字书的历史足迹

字书作为汉语言文字学的重要部分，既有以备翻检查阅的工具书性质，又有汇集文字学成果的研究性特征。由于它源于童蒙识字课本,因而在古代字书还兼做学习文字的模板。近代以来,字书则专指解释文字的形、音、义以备检索的工具书,一般称为"字典"。作为工具书的字典,它的编纂与研究,已发展成为一个独立的专门学科。

字书雏形《仓颉篇》

据《汉书·艺文志》记载:"汉兴,闾里书师合《仓颉》《爰历》《博学》三篇,断六十字以为一章,凡五十五章,并为《仓颉篇》。"《仓颉篇》又称"三仓"。《仓颉》等三篇共收 3300 字。秦汉时期,《仓颉篇》广为流传,汉代扬雄、杜林还为之作注。《仓颉篇》亡佚于宋代,后人辑佚的本子仅片言只语,千百年来无法知其真面目。20 世纪在我国多地发现汉简,尤其是安徽阜阳汉简的发现,终于揭示了亡佚千余年的《仓颉篇》之轮廓。

《仓颉篇》作为字书的雏形,在文字学史上意义重大,它直接影响着后世字书的编纂。继《仓颉篇》之后,汉武帝时司马相如作《凡将篇》,元帝时黄门令史游作《急就篇》,成帝时将作大匠李长作《元尚篇》。至元始中,扬雄广取有用文字作《训纂篇》,班固续增十三章。这些字书都受到《仓颉篇》的诸多影响。

字书楷模《说文解字》

继秦之后,两汉所编的一批新字书,又有新的突破与发展。这种优渥的条件和深厚的基础,催生了文字学史上划时代的巨著《说文解字》(以下简称《说文》)。许慎撰著《说文》,以小篆为正体,兼收并蓄。用"读若"注音,主要考虑实用性。此法虽较古老,显得落后,但能以异文、通假字、重文做"读若"字。这种借鉴对语言材料中的同音字,可以说是做了最佳的选择。许慎独创的以540个部首统率各部之字的编排方法,是对汉字系统形体内部关系的重大发现。许慎经几十年的艰辛劳作,呕心沥血,使之博大精深,体例严谨,既是一部实用性字书,又是一部系统性论著。"字典"是解释单字读音、意义、用法的工具书,从这个意义上说,《说文》是我国最早的一部字典。可以毫不夸张地说,《说文》泽被后世,辉映千古,对汉语文字科学的发展产生了深远的影响。

《说文》对后世字书的编纂有很重要的指导意义。正如黄侃所说:"《说文》出,而后有真正字书。"《说文》创建"分别部居,不相杂厕""建类一首,据形系联"的编纂体例,成为历代编纂字书的楷模。

史上首部楷书字典《玉篇》

魏晋南北朝时期,新出现的字书有《古今字诂》《字林》《字统》《古今文字》《玉篇》等;宋明时期出现的字书《类篇》《字汇》《正字通》等都分别排列汉字,尽管字体、部数、部次、字数、字次互有异同,但考其渊源,都以《说文》为宗而随时变通。应该说,这些字书皆为《说文》之流裔。

《玉篇》三十卷,南朝梁顾野王撰。顾氏是吴郡(今苏州)人,自幼好学,一生博览群书,撰著甚丰。《玉篇》这部字书是奉命而作,目的是规范南朝语言文字的歧义讹错现象。《玉篇》成书于梁大同九年(543),是《说文解字》之后保存下来的最古老的字书,也是汉语言文字学史上第一部楷书字典。

《玉篇》所收的文字,原本为 16917 字,现存本为 22561 字。原本较《说文解字》多出 7564 字。它多收的字大都为魏晋南北朝以来新产生的字,这表明《玉篇》从收字角度看很注重汉字运用与发展的实际。原本《玉篇》是一部材料十分丰富的字书,以实用为主而又体现了较高研究水平,在汉语文字学史、字典编纂史上占有重要地位。《玉篇》独得传世,多亏了唐宋时期一些文人的修订之功。

字典蓝本《字汇》《正字通》

明清之际,曾产生较大影响的字书当推《字汇》。该书共十四卷,明代梅膺祚撰。梅氏乃宣城人。他对字书编纂的贡献最主要是部首和检字的两项改革,即采用笔画检字法,这在字书编纂史上独树一帜。《字汇》在"分别部居"的同时,摒弃了"据形系联"的原则,"其端其终,悉以数多寡,其法自一画至十七画,列二百十有四部,统三万三千一百七十九字"。该书按 214 部排列,完全按笔画多少为序,又按子、丑、寅、卯等十二地支分为十二集。关于部首笔画的分布,有人归纳为一首五言诗:

一二子中分,三画分丑寅。

四推辰巳卯,五向午中寻。

六画藏申未,七画从酉沦。

戌里分八九，余者亥中存。

《字汇》收字的原则是"通俗用"，加上检索查阅简便，很受欢迎，"老师宿儒，蒙童小子，莫不群而习之"。对于它的缺点和不足，清代吴任臣著《字汇补》，多有补正。

还有，《正字通》十二卷，旧题明代张自烈撰，或题清代廖文英撰，或题张自烈、廖文英同撰。《正字通》以《字汇》为蓝本而编纂，其分部、笔画检索、编排次第，都和梅氏《字汇》相同，可以说是《字汇》的修订本。收字益出《字汇》；考证稍博，注释更丰，检到本字，即可知该字古今讹俗之体；调整了注音；修订了讹误。但该书亦遭贬词，说它排斥许慎《说文解字》，非善本也。其实，《正字通》排斥《说文解字》之说中，不乏精到之见解。这部字书与《字汇》一样，流传甚广，甚而成为《康熙字典》的编纂蓝本。

字书集大成者《康熙字典》

《康熙字典》又称《字典》，清康熙四十九年(1710)奉敕撰修，编写人员有总阅官张玉书、陈廷敬等30多位学者，是我国古代传统字书编纂中的一次规模最大的集体合作。《康熙字典》的体例直接继承了《字汇》《正字通》的长处，内容方面又据《字汇》《正字通》加以增订扩充，并做了许多改进，共收字47035个，是一部收录汉字最多、编纂很详细的古代字典。载古文以溯其源，列俗体以著其变迁。历时六年，于康熙五十五年(1716)出版印行。有学者评论说："《康熙字典》不仅是祖述《说文》这类字书的殿军，而且也是传统字书编纂的集大成者。"其实，此前的字书已经形成了兼蓄众长的趋势，只是《康熙字典》在这方面更为突出而已。《四库全书总目》称之"去取得中，权衡尽善……信乎，六书之渊海，七音之准绳也"，无一贬词。

《康熙字典》正由于体例严谨，收字范围广，繁简得当，具有很强的实用性，加之又是御敕撰修，所以其一问世，便不胫而走，成为知识分子不可缺少的案头工具书，清代学者们曾给以极高的赞誉。清人王引之等人奉旨校订，又成《字典考证》一书。表奏时，盛赞《康熙字典》"体例精密，考证赅洽，诚字学之渊薮，艺苑之津梁也"。当时，康熙帝说这部书"善美兼具"，可奉为"典常"，故称其为字典。以此为范例，此后凡类似解释单字的书，都称为"字典"。

实际上，《康熙字典》并非尽善尽美，王引之《字典考证》一书纠正其错误达 2588 条，包括引用的书名和篇名的错误、引文脱讹错乱、删节失当、断句失误、字形讹错等许多方面。其实还有不少差错王氏未曾发现。有鉴于此，《字典考证》可谓《康熙字典》的诤友。

第二节 "辨正"性的字书

"辨正文字"性质的字书，是历史上适应纠正文字使用混乱这一需要而出现的。

魏晋南北朝时期，汉字形体经历了由"隶"到"楷"的书写转变。当时政治分裂、社会动荡,文字的使用异常混乱,新词激增,导致大批新字出现,俗文新字流行于世。魏晋以后,文字使用更是混乱到无法正常阅读,这使新建立的唐王朝不堪忍受,不得不采取相应的语言文字新政。唐太宗命令孔颖达编撰《五经正义》,统一经典著作的释义;又命颜师古编著《五经定本》,统一经典著作的字形。由此相继产生了一批辨析异俗、匡正讹误、统一字形的"字样"之书。

最早的辨正性字书《字样》

据《旧唐书·颜师古传》记载,颜师古贞观七年(633)拜秘书少监,专典刊正所有奇书难字。他精通文字训诂,又校正五经文字,为时人所推重。他所录的字体具有权威性,能作校正文字的模板,被称为"字样"。颜师古所撰《字样》一书,当为最早的辨正文字的字书。在它的影响下,其后杜延业的《群书新定字样》、颜元孙的《干禄字书》、欧阳融的《经典分毫正字》、唐玄宗的《开元文字音义》、张参的《五经文字》、唐玄度的《新加九经字样》等书相继问世。

唐代的"字样"之书,对后世字书的影响客观存在。像宋代郭忠恕的《佩觿》、张有的《复古编》、娄机的《广干禄字书》、李从周的《字通》;辽代释行均的《龙龛手镜》;元代李文仲的《字鉴》;明代焦竑的《俗书刊误》、叶秉敬的《字孪》;清代龙启瑞的《字学举隅》等等,都属于辨正文字的字书系列。可见这一系列,代代有新作,流传不绝。

正本清源《干禄字书》

《干禄字书》全一卷,唐代颜元孙撰。此书以颜师古《字样》为本,"参校是非,较量同异",但比《字样》更加完备缜密。此书不仅为辨正文字而作,而且为科举考试、谋求禄位功名所实用,书名"干禄"即为此义。所以《干禄字书》问世后,一直为世人所看重。大历九年(774),全书由颜元孙之侄、大书法家颜真卿刻石于湖州任所。

《干禄字书》以平、上、去、入四声为纲,按 206 韵为次序编列单字,每字之下所列异体,分别以"俗、通、正"三体标明。所谓"俗、通、正",如其《序》所言:

> 所谓"俗"者,例皆浅近,唯籍账、文案、券契、药方,非涉雅言,用亦无爽,倘能改革,善不可加;所谓"通"者,相承久远,可以施表奏、笺启、尺牍、判状,固免诋诃;所谓"正"者,并有凭据,可以施著述、文章、对策、碑碣,将为允当。

同为一字,"俗、通、正"三体并列比较,使习者有所凭依,一目了然,确是很简洁有效的正字办法。这对当时澄清文字使用混乱状况起到了积极作用。它符合汉字在规范中求稳定,在规范外求发展的特点。比"总据《说文解字》"来匡正文字,思路更现实,行之更有效。

颜氏对汉字分析"俗、通、正"的方法,为后来正字的字书所吸取,对汉字正字产生了深远的影响。另外,颜氏之书辨别近形、罗列异体,有助于校读中古典籍,为汉字进入楷书阶段以后形体变更的研究,为现代汉字历史渊源的探讨,保存了丰富的资料。

《五经文字》与《新加九经字样》互补

《五经文字》共三卷,由唐代张参撰。其书于文字点画之微、音义之末,都明析细察,悉心辨正。此书调整分部编排,切于实用,重视楷书的形体结构,更便于检字,这些都值得肯定。此书在范围上虽不及《干禄字书》那么广,但内容上比之更为丰富。

《新加九经字样》一卷,唐代唐玄度撰。这部书是补《五经文字》之不足而编纂的。共分 76 部,收字 421 个。较量古今,细辨隶变讹俗,既有补于张氏之疏漏,又兼有所得。在辨正讹俗、规范用字方面,它与《五经文字》同样起过重要的作用。

《佩觿》至今有用

《佩觿》为宋代郭忠恕所撰。宋太宗于公元 976 年即位,就命令刊定历代字书。《佩觿》论字所由,校定分毫,为辨正文字之书。书名取于《诗经·卫风·芄兰》中"童子佩觿"一语,表明此书为儿童学字所用。"觿",读 xī,指古代用骨头、玉石等制的解绳结的锥子,用此字做书名有解难之意。

全书共三卷。上卷内容分为三段:一曰造字之旨,二曰绍声之作,三曰传写之差,总结和概述了汉字结构、读音的沿袭讹错和传写偏差。中、下两卷为该书的主要内容,辨正分毫,颇为精确。

郭氏精通古文字,上卷论形声讹变,合造字之旨;中、下卷辨笔画疑似,也出语剀切。这部字书不仅有利于学童识字和规范用字,也对文字演变和汉字结构的研究有着重要的意义。

辨正佛经文字的《龙龛手镜》

《龙龛手镜》共四卷,辽代释行均撰。行均和尚俗姓于,字广济。他"善于音韵,闲(娴)于字书"。

"龛(kān)"者,是供奉神像的小阁。《龙龛手镜》全书收字26430 个,注文超过 163170 个字,共 189600 字之多。主要针对佛经文字"流传岁久,抄写时讹,寡闻则莫晓是非,博古则徒怀惋叹"的情况而编纂的。其旨在正名言,以"引导后进",通悟佛典。宋代的人们因避讳(宋太祖的祖父名"敬",与"镜"谐音),故改"镜"为"鉴"字。因此,宋以后的版本又名《龙龛手鉴》。

该书在内容和编排体例上有所突破。它将《说文解字》部首归并为 242 部,又按平、上、去、入四声,分为四卷。收字仿《干禄字书》体例,每字下必详列"正""俗""今""古"及"或作"诸体,一一注明。对每个字的音义也有简明注释,凡多音字均列不同反切注音。凡所列的俗体、今文、古文、或作之类,均无辨析,意在使人知正俗、广见闻,这与其他匡正俗讹的字书不尽相同。

《龙龛手镜》收集的大量俗体、异体,反映了汉字运用的实际情况,在用字十分混乱的当时,确是一部很实用的工具书。它保存了各种字形,对今天研究中古汉字的流变很有参考价值。不过,清代学者也曾批评它多收俗体是"俗谬怪妄",实为不懂著者的用心,属于言而不当之论。

高评价的《字鉴》

《字鉴》共五卷,元代李文仲撰。文仲因伯父李世英所编《类韵》,于文字点画尚有未及校正者,故编成此书。全书按平、上、去、入206部的次序编列诸多汉字。每字之下,先出反切注音,次引《说文解字》释形义,最后逐一辨正俗讹之形。它辨正文字注重本源,分析形体注重结构,而又能兼及流变之理,是一部有着较高文字学水平和实用价值的字书。清代学者邹光第曾评论说:

> 其说不泥于古,又不汩于俗……唐宋以还,正字画者,颜元孙有《干禄字书》、郭忠恕有《佩觿》,皆不及此书醇备。学者置诸案头而循玩省览,则下笔自有典型,一切讹俗别字,无从犯其笔端,岂非一大快事哉!

此外,诸如明代焦竑的《俗书刊误》一书十二卷,著者有感于世之学者"肆笔成讹,盖十居六七者有之",遂录成书。它在匡正俗讹方面也有其重要价值。还有其他字书,不再一一赘述。

弥补《康熙字典》不足的《字贯》

《字贯》只是一部简明字典,编写者名叫王锡侯。他自称从小好学,从曾叔祖那里继承下来丰富的藏书。于是他把自己锁在宗祠一间厢房里苦读,读到"水浆茶饭从地楸下穴孔而进"的程度,有著作 10 余种,其中《字贯》在乾隆四十年(1775)出版。发行量颇大,换得了一些养家糊口的银两。

据说这部《字贯》"征引甚繁,以天字为始,小注至十数万",其间谈到《康熙字典》的某些讹误,以"字义"贯连着零散的汉字,弥补了《康熙字典》之不足。王锡侯本是对清王朝绝无半点恶意的普通文人,就因编字书冒犯了皇家,被定为"大逆"罪,本人遭斩,还株连了好几十人,岂不哀哉?

第三节　学用字词的工具书

在日常生活中,不单孩子需要读书习字,成人也要看书读报。在平日工作中,不单作家和学者需要写作,就是普通人同样需要使用文字写这写那。此间往往会遇到不认识的字,或不懂的词,或不了解的成语、典故、名物,这就要学会查字典、词典等工具性字书。可是,有的人嫌麻烦,不求甚解,甚或不懂装懂,任意杜撰。这样一来,不仅妨碍了自己的学习和工作,而且会给社会带来危害。例如,街头店面招牌和商业广告中的错别字比比皆是,就连报刊、电视等媒体以及学术研究著作中也往往出现错别字。

欲防止产生用字差错,促进用字规范,我们就必须学会查字典、查词典。

工具书是"不语的老师"

字典和词典这些工具性字书,都是"不开口说话的老师",它会告诉我们一个字的正确字形、读音和含义,以及一个词的用法,还有相关人名、地名或掌故。自古有不少立志自学者就是靠字典和词典一类工具书做成大学问的。远的不说,单说近代的大学问家王云五先生就算一个。王云五19岁应聘于中国新公学任英文教师,25岁任南京临时大总统府秘书,37岁发明"四角号码检字法",43岁出任商务印书馆总经理,63岁到台湾。他还是现代出版家,编撰了《万有文库》。其实王云五根本没有上过什么像样的学堂,初小还未读完就被父亲送去五金店当实习生(学徒),其间只上过数月的夜校,这不是为了读"四书五经",而是为了学英语。他全靠自学,成为一位无所不通的杂家,被胡适称赞为"有脚的百科全书"。胡适不太轻许人,对王云五却支起脖子仰视:"他是一个完全自修成功的人才,读书最多、最博……此人的道德学问在今日,可谓无双之选。"在王云五自学成才的历程中,各种字书、工具书帮了他的大忙,在很大程度上真正地成了他"不说话的老师"。

自汉代以来,前人为我们编纂了不少有用的字典和词典。所谓字典,它是以收字为主,着重说明单字的写法、读音和意义的工具书。例如《新华字典》《中华大字典》《汉语大字典》《同音字典》《康熙字典》等。所谓词典,它是以收词为主,着重说明词、词组、成语、典故、人名、地名等工具书,例如《现代汉语词典》《辞源》《辞海》《辞通》《汉语大词典》等。它们都是常用的工具书,虽有区别,但并非截然不同,因为很多字典也兼收部分词语,也具有词典的功能;而大多数词典也很重视注音、释义的内容,因此也具有字典的作用。可见两者各有侧重。

如何选用工具书

工具书是备用的"工具",说有用时就有用。现列举常见工具书,并提供选用建议。

①查找常用字,可用《新华字典》《同音字字典》等。

②查找冷僻字,可用《现代汉语词典》《中华大词典》《古汉语常用词典》等。

③查找文言虚词,可用《文言虚字》《词诠》等。

④查找古代词语,可用《辞海》《辞源》《辞通》等。

⑤查找人名,可用《辞海》《中国人名大辞典》《中国历史人物辞典》等。

⑥查找成语典故,可用《成语词典》《汉语成语词典》《常用成语典故选释》等。

⑦查找历史事件,可用《辞海》《简明中外历史辞典》等。

⑧查找诗歌文句出处,可用《辞海》《古代诗词名句选》等。

⑨查找地名,可用《中国古今地名大辞典》《世界地名词典》等。

至于今人编纂的《汉语大字典》和《汉语大词典》等大型工具书,是在改革开放的春风中诞生的,它在继承传统字书的基础上,反映了现代汉语和汉字的新观点、新内容,有其使用的权威性。

关于《中华大字典》

中华书局为了补正《康熙字典》的缺点,于 1915 年编印《中华大字典》，共收汉字超过 48000 个,比《康熙字典》收的字还要多。编者在序言中明确指出《康熙字典》有四大毛病:一是释义欠详确;二是讹误甚多;三是世俗通用语多未采用;四是体例不好,不便检索。因此,编纂《中华大字典》以代替《康熙字典》。其实,自《康熙字典》诞生至《中华大字典》面世,已过两百多年了。社会在发展,语言文字也在变化,《康熙字典》早已跟不上形势了,必须由新字典来替代它。

《中华大字典》针对《康熙字典》的缺点,首先纠正了一些讹误,特别在释义方面,它吸收了清代学者的研究成果,如段玉裁的《说文解字注》、桂馥的《说文义证》、王念孙的《广雅疏证》和朱骏声的《说文通训定声》等书的字义解释,因此释义大为完备。例如"公"字,《中华大字典》的释义就有 36 条之多,其中"公馆""公使"等义,显然是适应社会需要新吸纳的。其次,该书在本字之下,还列有籀文、古文、省文、或体、俗体和伪体,同时还录入近代方言和翻译的新字,内容比《康熙字典》更广泛。再次,在编排上,每字的释义分条解说,一条只注一义,只引一个例证,先解本义,后及引申、假借等义;同时将形体相同而音义皆异的字,另作一个字头,排在本字的后面。如"公"字另音"锺",同"妐"。便另列一个字头,排在"公"字的后面。这样,眉目清楚,更有条理。检索方法,与《康熙字典》相同。

不过,《中华大字典》的解释只是罗列各义,未加分析归纳,所以显得支离琐碎或重复;至于任意删节引文、沿用错误的旧说,此类毛病时有发生;加上成书于旧社会,观点难免陈旧,因此使用时要注意对待。

关于《新华字典》

《新华字典》是当今最常用、最普及的一部字典,原由新华辞书社编写。1953 年开始出版,1971 年由商务印书馆修订重排。现今有 64 开小字本,还有 32 开大字本。它的优点在三个方面:一是有精确的标音和注释,体例是先音后义;二是选词、释文、举例都很鲜明地体现了社会需要;三是收集了大量反映社会发展的一些新词。现查阅一个"汉"字为例:

> 汉(漢)hàn ㄏㄢˋ　①汉江,又称汉水,发源于陕西省南部,在湖北省武汉入长江。[银汉]天河。②朝代名。a.汉高祖刘邦所建立(公元前 206—公元 220 年)。b.五代之一,刘知远所建立(公元 947—950 年),史称后汉。③(~子)男人,男子:老~丨好~丨英雄~。④汉族,我国人数最多的民族。[汉奸]出卖我们国家民族利益的败类。

我们看到,这"汉"字后面括号内是其繁体"漢",先注汉语拼音"hàn"和注音字母"ㄏㄢˋ"。后列 4 种意义。用"老~"表示"汉"字的构词方法。方括号[ ]里是以"汉"字组合的常用词。解释精确、简明、通俗。新版在收字和编排上陆续有改进,像外来语、网络语的酌量收入,适应了新的需要。为简便查阅,归并了部首,将原先的 214 部合并成 187 部,并采用《汉语拼音音序》和《部首检字法》,便于翻检。如"汉"字,我们知道读音,可按音序直接翻到正文"han"。如果不知道读音,可在部首三画里找到"氵(三点水)",若是大字本它会告诉你"氵"在《检字表》里属(45)部,再在(45)三点水(氵)部二画里找到"汉"字,下注175,即在正文第175页有"汉"字的释义。

这部《新华字典》确比过去的《康熙字典》和《中华大字典》有很大进步,是广大学生和民众非常喜爱的一种工具书。

关于《辞源》

《辞源》是一部词典,它专收古代汉语词汇,是阅读一般古籍的专业工具书,为了适应清末、民初社会大变化的需要,由陆尔奎、傅运森、张元济等学者编纂的。原编于1915年出版,1922年又出版了续编,以补原编之不足。1939年又出版了原、续两编的合订本。1951年出版了改编本。

《辞源》综合了古代字书、韵书、类书和近代辞书的成果,是我国第一部综合性词典。收字1万多个,词目10万多条,其内容从成语、典故、名物制度到人名、地名、科学用语、翻译名词等都统统包括在内。其体例是以字系词,先注音后释义,再指明出处。注音用"反切"和"直音"(有的没有)两种,并标明每个字所属的韵部。例如"公"字,注音为"姑翁切,东韵"。下列12义,后面接着列"公人""公子""公文""公斤""公田""公安""公民""公使""公报""公爵""公因素""公交车令""公输班""公孙龙子"等175条词目,把有关"公"字的语词、名物制度、人名、地名、书名、科学用语等都收进书中了。词目的排列,是按语词的第二个字的笔画多少列序。书前有《检字法》,书后附有《四角号码检字法》。总之,它查检方便,确是我们常用的一部工具书。

自其成书之后的几十年里,世界发生了翻天覆地的变化,该书关于政治、经济和自然科学的新名词的解释已落后过时,有的观点更显错误。而该书文史方面的词目录自唐、宋以来的类书,由于校对原书不力,致使引书错误不少。至于释义遗漏或不够确切,词目取舍不当的也时有出现。尤其是引书不载篇名,给查对原文带来很大不便。

为适应时代发展的新需要,有关部门早在1958年就组织人力修订《辞源》,决定将《辞源》修订为一部以收录语词为主,兼收有关辞章典故以及百科知识的古汉语辞书。从1958年至今,《辞源》进行了两次修订,《辞源》第三版收字头14210个,复词92646个。

关于《辞海》

《辞海》与《辞源》相比,差别主要在于它是我国唯一以字带词,集字典、语文词典和百科词典主要功能于一体的大型综合性辞典。它最早于1915年由中国近代著名教育家、出版家陆费逵动议编纂,第一版于1936年在上海出版,此后历经修订,目前已出7版。

《辞海》比《辞源》晚出了20年。它纠正了《辞源》中的一些缺点和错误,内容和体例都比《辞源》有所改进。《辞海》也是使用部首检字法,使用方法与《康熙字典》相同。

《辞海》的具体优点大致有二:一是单字释义较为完备,词语释义较为确切,采用了新式标点,解释比较通俗。二是引文出处明确,既有书名又有篇名,便于查对原文。例如"公"字,《辞海》释义有 20 项,比《辞源》多 8 项。《辞源》释义四:"官所曰公。《诗》'退食自公'。"而《辞海》释义则是:"办理公事之所。《诗·召南·羔羊》'退食自公'(传)'公门也'。"显然比《辞源》的解释通俗、确切,而且引书注明书名和篇名。

尽管《辞海》有这些优点,但它所收的词语没有《辞源》多;而且《辞海》有的词目也因转抄类书、字书未加核对原文而致误。例如"别业"条:"我家有别业,寄在嵩之阳。"注为李白诗。经查《李太白全集》,此并非李白诗,而是崔宗之的诗,题为《赠李十二白》。又如"丢下"条,"一去不复返也,见《方言》"。经查《方言》一书,并无"丢"字,原来是转抄自《康熙字典》而致误。此外,释义不确切也时有出现。因此,使用《辞海》时,最好与《辞源》参照比较,取长补短。

《辞海》由于不收古体字和冷僻字,古义也引用得较少,所以该书有必要与《康熙字典》《中华大字典》等配合使用。

关于《汉语词典》

这部词典的优点与众不同,首先,不单给单字注音,还给词语注音。例如"八面玲珑"的注音:ㄅㄚ ㄇㄧㄢ ㄌㄧㄥˊ ㄌㄨㄥˊ。其次,词语内容比较丰富,不单收了常见的古汉语词汇,而且收了通俗口语的词汇和方言词汇。一般在《辞源》《辞海》里查不到的语词,在《汉语词典》里往往能找到。例如"剽疾"一词,《辞源》和《辞海》里找不到,而在《汉语词典》里就有。又如鲁迅《小说史略》中引《新编五代史平话》说,黄巢下第后,途中遇到一座高岭,"怎见得高,几年擽下一樵夫,至今未能擽到底"。其中的"擽"字怎么理解?它在《康熙字典》和《中华大字典》里都查不到,一翻《汉语词典》,原来是"跌"的意思。可见,该书对帮助读者掌握词语的读音以及词义很有作用。

该词典成书于民国时,故使用注音字母标音,已经过时,广大读者对此不熟悉,查检很不便,因而在书后附有《部首检字表》,可供选用。1959 年重版的《汉语词典》,还附有《注音字母和拼音字母对照索引》,也便于读者使用。

关于《现代汉语词典》

《现代汉语词典》是一部以普通话语汇为主的中型词典,收字、词、词组、熟语、成语等大约 53000 条,其中包括常见的方言词语、专门术语、旧词语、地名、人名、姓氏等方面的汉字。按修订本来看,它有明显的优点:

一是注音、释义比较精确,每条词语都注音。二是收纳了大量现代常用词语,例如"统一战线""蹲点""白搭""痛斥""洗手间""企业化"等等,这是过去旧词典所未收过的。三是单字按拼音字母顺序排列,并附《部首检字表》和《音节表》,还有《新旧字形对照表》,以便翻查。总之,它是一部很实用的工具书,有助于我们准确认识汉字,有助于我们学习普通话、促进汉语规范化。

关于《辞通》

本书由朱起凤编纂,1934 年出版。它是一部以同音通假为原则,解释古汉语中以两字组成"连语"的词典。一般文史书上的问题,通过常见的字典和词典基本可以得到解决,但古汉语中有同音通假和同义通用的法则,所以古籍中一个词往往有不同的书写形式。例如"频繁"一词,就可写作"频烦""便繁""便烦""便蕃""便番"等,这些词实际是同一个词,只不过是书写形式不同而已。这种情况在阅读古籍时会经常碰到。搞清一个词的异文,避免把同一词的不同书写形式当作不同的词来理解,这就是《辞通》的主要任务。作者朱起凤花了 30 多年的时间才将该书编纂成功。

《辞通》的体例是按双音节词的音义关系把同一词的各种不同书写形式汇成一组,作为编纂单位;取词语尾字的韵属,按平水韵排列,以常见词列在前,注明音义;接着把词义相同而形体不同的词附列于后,并一一引有例证,注明书名和篇名,有的还加了按语,指出某词是某词的义同通用,某词是某词的字形讹误等。并附有《笔画索引》和《四角号码索引》,以便于检索。例如《诗经·鄘风·载驰》里"众稚"一词,《辞源》《辞海》都未收入,只好查《辞通》了。现在有三种查检法:一是查卷首的《检韵表》,按"稚"字属"寘韵",在该书下册第 90 页"寘韵"目下可查得"稚",得知在正文第 1714 页,便可找到"众稚";二是按"众"的四角号码 6023检得"众"字后,再依次查得"众稚"条,下注 1714 页;三是按"众"

205

字繁体的笔画，在十一画中查得"衆"，告知"众"的四角号码6023，按此四角号码寻得"众稊"条：

众稊　稊音治去声。○○犹言群小也。《诗·鄘风·载驰》许人尤之，○○且狂。

众麑　《越绝书·请籴内传上》申胥谓逄同曰：子事太宰嚭，又不图邦权，而惑吾君王。君王之不省也，而听○○之言；君王忘邦嚭之罪也，亡日不久也。

众豕　《越绝书·请籴内传下》吴王将杀子胥，使冯同征之。胥见冯同，知为吴王来也。泄言曰：王不亲辅弼之臣，而亲○○之言，是吾命短也，高置吾头，必见越人入吴也。

【按】　稊麑同音通假；豕麑古亦通，狗麑又作狗豕，是其证也。

由此得知，"众稊"原是群小的意思。"稊"与"稊"字相同。"众稊"还有"众麑"和"众豕"两种不同的书写形式，但它们的含义是完全一样的。

关于《词诠》

《词诠》是近代人杨树达著，1928 年商务印书馆出版。1965年中华书局重印，纠正了一些例句引文中明显的错误和排校上的错误，还附上《汉语拼音索引》。该书是在《助词辨略》《经传释词》《马氏文通》的基础上编成的，是一部较好的虚字词典。《词诠》收了古书中常见的介词、连词、助词、叹词，还收了一部分代词、副词，一共500多个虚字，按注音字元音序编为10卷。书前有《注音字元音序检字法》和《笔画检字法》，便于翻检。

《词诠》有三大优点：一是每个虚词先标明词类，后分举各种音义，再引文句做例证。二是解释比较系统、全面，既吸取了前人研究的旧成果，又有新发展。三是所收的虚字多，所举的例证多，便于参照使用。例如《商君书·更法》篇中"君其图之"的"其"字，根据"其"字在书中14种用法的第8种，应做命令副词较为合适，与书中所引例句"帝其念哉"句式相同。由此可知，"君其图之"的"其"字是"当"的意思。

鉴于上述优点，当前新编的虚字词典还不多，其仍有使用价值。不过它也有明显的缺点：首先是只注重单音词，忽略了复音词；再者缺乏历史观念和地区方言观念，诸如有的虚词用法已经过时而废弃，有的虚词只限某一地区的方言使用，该书统统集纳在一起，却没有加以说明。

关于《古书虚字集释》

这是一部集众家之长的虚字词典，故曰"集释"。由裴学海编著，1934年初版，1954年中华书局再版重印。它是以王引之的《经传释词》为基础，酌采《助字辨略》《读书杂志》《经义述闻》《群经评义》《诸子平议》《古书疑义举例》《词诠》《高等文法》《新方言》等书精华，并补其漏缺。

本书只收了290个虚字。凡不见于周、秦、两汉之书的虚字，已为别人解释完备的虚字,本书都未收。其长处是对前人有关虚字著述做了补充和订正,因此一般文言虚词书籍中得不到解释的,在该书中往往可以查到。例如"其"字,在《词诠》中只见 14 种用法,而该书对"其"的用法却集纳了 45 种。又如"嘤其鸣矣"的"其"字,在《词诠》和其他虚字书里找不到恰当的解释,而在该书里却有释义:"'其'犹然也,其为状事之词。"原来"嘤其鸣矣"是"嘤然鸣矣",也就是嘤嘤地叫的意思。同时,该书还收了复音词,例如"其诸""其者"等,并有用法说明。

本书的缺点是查阅方法不为广大读者所熟知,因为它采用守温 36 字母为编字顺序,不懂古韵的人就无法使用,只好按书前的目录逐卷查出要找的字,因此翻检不太简便。

关于《文言虚词》

本书系杨伯峻编著,中华书局 1965 年出版。收词 300 多个。采用笔画和音序两种检字法,使用方便,是我们初学古文的一部实用的虚字词典。该词典的优点有三:

一是每个虚字的用法讲得通俗易懂,明确而具体。

二是引用的例句大多采自常读的文选,而且每一例句都有现代汉语的译文,此乃该书的一大特色。例如《诗·魏风·硕鼠》"乐土乐土,爱得我所"中的"爱"字,《文言虚词》解释为可作兼词,当"于是"讲,"在这里""在那里"的意思。并译成白话:"乐土乐土,在那里有我的处所。"非常通俗好懂。

三是收了大量的复音词,并介绍其用法。例如"也与哉"以及

"藉第令"等。《史记·陈涉世家》:"公等遇雨,皆已失期,失期当斩。藉第令毋斩,而戍死者固十六七。"其中"藉第令"3个字,该书解释为"纵使"的意思,是让步连词。

凡阅读古籍者,选用本词典的同时,再参照《古书虚字集释》《词诠》两部书,古书里的虚字问题基本可以解决。还有《说文通训定声》一书,专门研究古汉语的同音通假字,用它来解释语词很有参考价值。

《汉语大字典》与《汉语大词典》

《汉语大字典》由湖北、四川两省集体编写,徐中舒主编,1992年12月出版。它是当今世界上规模最大、收集汉字单字最多、释义最全的一部汉语字典。《汉语大词典》由华东五省一市,即山东、安徽、江苏、浙江、福建、上海集体编写,罗竹风主编,上海辞书出版社1986年11月第一卷出版。这是新中国新编纂的两部大型工具书,影响很大。

第四节　学用"经典"的工具书

中国人写文章,自古有一种引经据典的风气,就是在文中引用古诗文或典故,这是一种修辞手段。这种风气在魏晋南北朝时期比较盛行,至今仍屡见不鲜。如果运用得当,可使文字精练、寓意深刻,但这也给后人理解诗文造成困难。因此为了读懂前人的诗文和理解今天引用的寓言经典,就必须掌握这些"语言"和"典故"的出处,才能体会到作者的匠心和运用的妙处。

专供寻找语句出处和辞章、典故的工具书,常用的有两种:一种叫"类书",另一种叫"引得"。

关于"类书"

"类书"就是把许多性质相同的材料,从不同的书中按句或按段原封不动地摘录出来,然后分门别类地综合在一起而编成一套书,它有点像今日的资料汇编。

"类书"有两大用处:一是提供诗文典故的出处;二是可供辑佚和校订古书之用,因为现今已经散失的古书,有的可能被保存在某些"类书"里。有些学者专门从事在"类书"里"钩沉"佚书的工作,使许多失传了的古书被恢复原貌或钩出概况。例如鲁迅编的《古小说钩沉》,就是从《太平御览》和《太平广记》等类书里辑佚出来的。

我国现存比较有名而常用的"类书",主要有唐代的《艺文类聚》《北堂书钞》《初学记》;宋代的《太平御览》《太平广记》《册府元龟》《文苑英华》;明代的《永乐大典》;清代的《骈字类编》《渊鉴类函》《子史精华》《古今图书集成》,以及按照韵目次序编成的《佩文韵府》等。

关于"引得"

"引得"是查检字、词、句的索引,或叫"通检"。例如《十三经索引》《庄子引得》《墨子引得》《荀子引得》《国语索引》《战国策通检》《史记及注群综合引得》《淮南子通检》《新序通检》《论衡通检》《文心雕龙新书通检》《杜诗引得》等。这一类书就是把古书里的一个字、一个词、一个句子作为单位,按它们的首字笔画排列,这样就很容易找到某字、某词、某句出在何处。掌握了这类工具书,一翻即得,真可谓"踏破铁鞋无觅处,得来全不费工夫"。

"经典"工具书的用法

"类书""引得"与"通检"的具体用法,试举例以明之。

1973年,周恩来总理曾在党的"十大"政治报告中说:"当前国际形势的特点是天下大乱。'山雨欲来风满楼'……"其中"山雨欲来风满楼"这一句是个经典,怎样查得它的出处? 不妨先查《佩文韵府》(线装本),取"山雨"尾字"雨"的"虞韵",在该书第37卷可得"山雨"条;如果按"山"字的四角号码2277,可在该书(万有文库本)第三册1663页第三栏查得"山雨"条。但它只说许浑诗"山雨欲来风满楼"这一句,未引全诗,也未注篇名。如需进一步了解,就要再查《骈字类编》。这部书共240卷,成书于清雍正四年(1726),是《佩文韵府》的姊妹篇,两书互为经纬,相辅相成。《骈字类编》的长处是引用古书都注了篇名,其体例是取古书的骈字,即取双音词及词组,将首字相同者排列在一起,分列于13个门类下。每条词语下引古书为例证,并举其篇名。像"山雨"一词,可在该书第36卷"山水门"下找到,此条下载有"许浑咸阳城东楼诗,'溪云初起日沉阁,山雨欲来风满楼'"。按此线索更便于我们查找原诗了。如果不知许浑有《丁卯集》的话,我们也可在

211

《全唐诗》中去找。因为《全唐诗》把唐代诗人的诗作全都搜集了,故在该书第533卷许浑名下找到这一原诗:

> 一上高城万里愁,蒹葭杨柳似汀洲。
>
> 溪云初起日沉阁,山雨欲来风满楼。
>
> 鸟下绿芜秦苑夕,蝉鸣黄叶汉宫秋。
>
> 行人莫问当年事,故国东来渭水流。

许浑为什么要写这样一首诗?这首诗怎样与现实联系起来?这就要进一步研究。我们从作者小传中了解到许浑的生平,他是唐文宗大和六年(832)的进士,在唐宣宗大中三年(849)拜监察御史。根据这个生平年代,我们再查《中国历史年代简表》和《中国通史简编》(第二编)得知,唐文宗、唐宣宗时期正是"安史之乱"以后的岁月,即处在黄巢起义(874)的前夕。此时的唐王朝,藩镇割据,宦官专政,社会矛盾尖锐。原来这首诗是许浑登上咸阳城东楼,触景生情而作,是他在黄巢起义前夕预感末日的来临,哀悼唐帝国日趋没落崩溃的心情写照。周恩来巧妙地借用诗中的这一句,为的是形容当年的国际形势。

又如,20世纪毛泽东主席曾强调说:"不学会技术,长期当外行,管理也搞不好。以其昏昏,使人昭昭,是不行的。"其中"以其昏昏,使人昭昭"一句出于何处?什么意思?如果翻阅《佩文韵府》和《骈字类编》都查不到,这就要去查找"索引""引得"和"通检"一类的书。我们不妨先检索《十三经索引》。

《十三经索引》,叶绍钧编撰,开明书店于 1934 年出版,并附有《十三经经文》一册。这是一部查检古书语句出处的实用工具书,中华书局于 1957 年出版新印本,删去了《十三经经文》,改正了书中的一些错误。该书把"十三经"的《周易》《尚书》《诗经》《周礼》《仪礼》《礼记》《春秋左传》《春秋公羊传》《春秋谷梁传》《论语》《孟子》《孝经》《尔雅》等书,以句为单位,按首字笔画顺序排列,编成索引,每句下面注明原文出处,翻检非常方便。例如上句先检"以"字,在四画找到"以"(注明在第 374 页),翻到该页未见"以其昏昏"。不过不要气馁,再按"使"字笔画,在八画找到"使"(注明在第 760 页),翻检该页即得"使人昭昭[孟]尽下 20"。这就告诉你:该句可见于《孟子·尽心下》篇,第 20 段。顺藤摸瓜,再查阅《孟子·尽心下》篇,即得到该句的原文:

孟子曰:"贤者以其昭昭,使人昭昭;今以其昏昏,使人昭昭。"

原文下面有注释和译文。本句的原意是这样:"贤能的人教导别人,必先使自己彻底明白了,然后才去使别人明白;今天的人教导别人,自己还模模糊糊,却要用这些模糊的东西使别人明白。"当然,孟轲的这番话是站在统治者的立场讲的,他所批评的"今"人,也是指当时的统治者,没有搞清楚儒家的那一套就去乱指挥。毛泽东引用孟子这句话,在特定语境下赋予了其新意。

再如,毛泽东《七律·答友人》中的"斑竹一枝千滴泪",其"斑

213

竹"一词的由来,在那些字、词、句的"索引和通检"里已查不到,就需要去查《艺文类聚》《太平御览》《古今图书集成》等"类书"了。

《古今图书集成》是我国现存历史上搜罗最广博、规模最巨大、内容最丰富的一部类书,共1万卷,约1.6亿字,其中保存明代文史资料特别多。它是在清代康熙、雍正时期,由陈梦雷、蒋廷锡编撰。外国学者称之为"康熙百科全书"。确实是我们查找康熙以前任何部门的数据(包含典故、人名、地名出处)的重要工具书。该书于1934年由中华书局出版,有影印本,全书800册,分6个汇编,32典,6109部,分类极细。书前有目录索引,书后附《考证》24卷。现列主要内容名目,可供概览。

历象汇编:含乾象典、岁功典、历法典、庶征典。

方舆汇编:含坤舆典、职官典、山川典、边裔典。

明伦汇编:含皇极典、宫闱典、官常典、家范典、交谊典、氏族典、人事典、闺媛典。

博物汇编:含艺术典、神异典、禽虫典、草木典。

理学汇编:含经籍典、学行典、文学典、字学典。

经济汇编:含选举典、铨衡典、食货典、礼仪典、乐律典、戎政典、祥刑典、考工典。

这6个汇编32典中,又分很多部。每部里又有很多分项,例如:

汇考:把一事物的因革损益之源流,古今称谓,与其种类性情及其制造方法,记其大者,可以概见该事该物。

总论:把经书及其注疏,和子书中关于该事该物的论述,予以收录。

图表:各事各物的图谱和表格。

列传:记载历史上各个著名人物的传记。

艺文:把涉及该事该物的辞藻,包括诗、词、文、赋等,都予以收录。

选句:多摘涉及该事该物的对偶词句。

纪事:除"汇考"记其大事之外,将该事该物琐细而可传者,按正史、稗史、子集的次序予以收录。

杂录:将该事该物除经书以外的论述,如旁引曲喻或真假难分的材料等予以收录。

外编:收录该事该物各种荒唐无稽的记述等等各项,无者存缺。

《古今图书集成》翻查运用举例:你想要了解某一事物的出处和典故,以及历史上的有关记载,根据该书上述体例翻检即可查得。例如,《红楼梦》第七十八回里,贾宝玉写的《芙蓉女儿诔》中,"洲迷聚窟,何来却死之香"一句出于何处?是什么意思?可查句中"却死香"这一线索,它属《古今图书集成》中的"草木典·香部",即在第556册,第315卷,一翻检即得。在"汇考"项中载有《山海经》、任昉《述异记》、洪刍《香谱》、范成大《桂海香志》、李时珍《本草纲目》等 12 种书。在任昉的《述异记》中有"反生香"条;在范成大的《桂海香志》中有"振灵香"条;在李时珍的《本草纲目》中有"反魂香集解",都记载有"却死香"的出处,且在《香部·外编》里载有这样一段文字:

《十洲记》聚窟洲在西海中。……山多大树,与枫木相类而花叶香闻数百里,名为反魂树。扣其树,亦能自作声,声如群牛吼,闻之者皆心震神骇。伐其木根心,于玉釜中煮取汁,更微火煎如黑饧状,令可丸之。名为惊精香;或名之为震灵丸;或名之为反生香;或名之为震檀香;或名之为人鸟精;或名之为却死香,一种六名,斯灵物也。香气闻数百里,死者在地闻香气乃却活,不复亡也。

这一段叙说虽属无稽之谈,但贾宝玉运用"却死香"这个典故,是慨叹自己无法使晴雯死而复生。因为他迷失了去聚窟洲的道路,无法得到返魂的"却死香",因此无法使晴雯复活,从而表达了贾宝玉对晴雯深深怀念之情。

当然,"却死香"这个典故,也见于《艺文类聚·灵异部·仙道》,以及《太平御览·香部·惊精香》条,但都没有《古今图书集成》所载详细。

此外,《古今图书集成》的《香部·艺文》项里,载有 53 人的诗、词、赋;在《香部·选句》项里还载有司马相如等 96 人的丽词偶句;在《香部·纪事》项里,载有《拾遗记》《三辅黄图》《后汉书》

等史书和杂志几十种,都涉及"香"的各种记述。可见,查检该书里某一事物,即可得知其源流,以及历史上的种种记载。它不仅能帮助我们寻找到诗文语句的出处和典故,而且可提供研究某事物的历史资料。该书数据丰富,但多转录自其他"类书",故差错也不少,使用时有必要核对原文。

网络时代还需查阅工具书吗

如今互联网时代,网上有那么多字书、辞典和百科知识,习惯于网络检索的人们,对纸质字书甚至有些陌生了。不过,随之而来的一个问题是,纸质字书、辞典固然需要互联网的助推优势,借助网络检索,查检会变得空前简便。但,互联网能取代纸质字书、辞典吗? 回答是肯定的:绝对不能。

当然,通过搜索引擎联系起来的网络世界,是一个庞大的知识库,或许也可视为一部字书、辞典。它虽然丰富异常,但也杂乱无比。即使是去查询规模不大的网络百科,由于"开放编纂",出于众手的词条,也会让你遇到真伪莫辨的难题。当你输入一个关键词时,得到的结果可能成千上万,大堆的知识"碎片",逐一地阅读辨别,所花费的时间和精力,有时会让你觉得,还不如去查检一部权威、精当的纸质字书、辞典来得轻松。

隋唐时期的经学家陆德明(名元朗,撰有《经典释文》《老子疏》《易疏》等书),曾称赞《尔雅》一书"实九流之通路,百氏之指南,多识鸟兽草木之名,博览而不惑者也"。所谓"博览而不惑",或许正是精心编纂的纸质工具性字书之于芜杂的网络的优长吧。

后　记

　　汉语与汉字,是中华民族共同的语言文字,是抚育我们的传统文化之树,它盘根错节,枝叶蔓生,苍劲古老。如何使它抽出新芽,绽开新花,结出新果,这是时代赋予我们文化人的历史使命。笔者凭着区区微忱和绵薄之力,在这棵千年古树下,追根探源,寻珍觅宝,写成这部小书。应该说,为增进认知,只能是在树下浇浇水、理理叶,至于施肥疏根,乃至嫁接授粉,尚有待高明。不过事实证明,那里是一个文化宝藏,没有让我们空手而归。

　　著名短篇小说家汪曾祺,是诺贝尔文学奖获得者莫言先生的老师。据莫言介绍,他第一次听汪先生授课,汪上来就在黑板上写出“卑之无甚高论”6个大字。这不仅仅是汪先生谦虚之词,其实还有深一层的意思:讲实际问题,不发空论。笔者深受这6个字的启迪,便借来作为说话和作文的座右铭。撰写这部书就本着这样一种思路:实事求是。拙作的初衷,是要向读者宣介传统的中华字文化,给外国朋友讲中国故事,达到普及推广中华字文化的目的。既然是写传统文化,势必涉及历史与现代,其中遇到一个棘手的问题就是如何看待历史人物和历史事件。无疑,是要用辩证的方法、唯物的观点看待历史,不回避客观存在,在传承上把握主旋律。“传”应该是全面的,不能割断历史,即使是丑恶的东西也不妨让后代知晓,因为它是反面教材;"承"则是有选择的,就是要弘扬先进文化,特别是要学习那些为国家富强、民族兴旺而上下求索、百折不挠的英雄伟人的精神。

本书的写作角度是"品鉴"。具体而言,就是笔者与读者共同在品评、鉴赏人文故事中增进对字文化的认知。笔者在过去几十年里,写过一些散文和科普作品,为了通俗有趣,曾力求以文学笔墨去写科普。如今写这部书,是在语言文字的天地里操练,谈何容易?鉴于同样的愿望,也想让文字有可读性,力避生涩的定义,于是习惯性地以老手法写了,寻求形象生动,为的是尽可能地让读者多一些趣味。笔者尽管从不同的角度和层面,讲了一些有代表性的历史事件和人文故事,以表达对祖国字文化的认知,但肯定还是不及万一,不过沧海之一粟。但愿读者能由此及彼,顺此深入。正因为有此期盼,面对着神圣的字文化传统,笔者始终存在敬畏之心,几易其稿,唯恐因挂一漏万而难以如愿。书稿即将付梓,如释重负,但又感到些许紧张而忐忑不安。究竟怎么样?读者是客观公正的,笔者听凭他们评判。按西方传说,天鹅在生命终结的时刻,总会发出动听的哀鸣,人们遂将文人的最后作品喻为"天鹅之歌"。巧合的是,本书是笔者在耄耋之年于合肥天鹅湖畔完成的,那也就算作是"天鹅之歌"吧!

本书编写中,曾拜读了有关学者的大作,参阅了许多经典作品与文献,或吸收其观点,或引用其资料,特此敬谢。由于有的线索不明确,未能一一注明,在此一并表示谢忱与歉意。这部书的出版,首先要感谢安徽文艺出版社的领导与编辑同志们,感谢他们的热诚支持与具体帮助,使这部书不致"披头散发"地与读者见面,而是有模有样地出来了,这是出版社大力敦促修饰装扮的功劳。

最后,还不能不感谢我的老伴吴隆珣老师,她在中学从教一生,深刻理解"写点东西留人间"的古训道理,因此出了不少好主意。她更是多揽家务,多方照料,让老夫有可能挤出时间为此书坚持笔耕不辍。

九十有一老人述庆

2024 年 1 月于合肥天鹅湖畔